... Títulos relacionados

SSCE0110 HABILITACIÓN PARA LA DOCENCIA EN GRADOS A, B Y C DEL SISTEMA DE FORMACIÓN PROFESIONAL

(ANTIGUO DOCENCIA DE LA FORMACIÓN PROFESIONAL PARA EL EMPLEO)

[DISPONIBLE CERTIFICADO COMPLETO]

Solicítalos en:
- Librería
- www.paraninfo.es
- Solicitudes nacionales +34 914 463 350
- Solicitudes fuera de España +34 913 308 907, +34 913 308 919

Impartición de acciones formativas para el empleo
UF1645

Mónica Suárez Martínez

© 2024 Ediciones Nobel
© 2024 Mónica Suárez Martínez

Edición y maquetación: Ediciones Nobel, S. A.

Impresión: Liberdigital (Casarrubuelos, Madrid)

ISBN: 978-84-283-6663-2
Depósito legal: M-25848-2024

Impreso en España

A mi hermana,
porque soy lo que soy gracias a ella.

Mónica Suárez Martínez Ingeniera técnica industrial sin vocación, se inicia en el mundo de la formación para el empleo en el año 1992 con la realización de un curso de formación de formadores, que completa posteriormente con otro sobre elaboración de material didáctico para formación a distancia.

A partir de entonces, ha desarrollado toda su vida profesional dentro de este ámbito: redactora de manuales para formación a distancia en Fondo Formación, responsable de formación en Fundación CTIC y directora de formación en Izertis. Además imparte, de forma presencial u *online,* cursos de formación de formadores y teletutores.

Le apasionan el *e-learning* y las innovaciones tecnológicas, que democratizan y facilitan el acceso al conocimiento.

Índice

Introducción normativa

La Ley Orgánica 3/2022, de 31 de marzo, de ordenación e integración de la Formación Profesional, contiene una disposición derogatoria única que afecta a la regulación de los certificados de profesionalidad, ahora denominados **Certificados Profesionales**. La referida normativa deroga la Ley Orgánica 5/2002, de 19 de junio, de las Cualificaciones y de la Formación Profesional, y abre un escenario de cambios que se irán implementando progresivamente.

La Ley Orgánica 3/2022, de 31 de marzo, de ordenación e integración de la Formación Profesional implica que toda la formación es acumulable. La oferta formativa se estructura de forma escalonada, siendo los Certificados Profesionales un nivel intermedio (Grado C) de una escala que va desde el Grado A hasta el E.

En los artículos 35 a 38 de la Ley 3/2022 se describe en qué consisten estos Certificados Profesionales: su oferta, formación asociada, estructura, duración, acceso, titulación y validez. Posteriormente, esta normativa se completa con lo dispuesto en el Real Decreto 659/2023, de 18 de julio, que desarrolla la ordenación del sistema de Formación Profesional. Concretamente en los artículos 67 a 81 es donde se hace referencia a la oferta formativa de Grado C, correspondiente a los Certificados Profesionales.

Están agrupados en 26 familias profesionales con características comunes del sector. En la actualidad hay más de medio millar de Certificados Profesionales incluidos en el Repertorio Nacional. Esta cifra no deja de crecer. Además, cada certificado está específicamente regulado por un real decreto.

Un Certificado Profesional corresponde al Grado C de la oferta del Sistema de Formación Profesional. Es un documento oficial, con validez en todo el territorio nacional y debe constar en el Catálogo Nacional de Ofertas de Formación Profesional, que certifica la capacitación para el desarrollo de una actividad profesional.

Debe detallar los módulos profesionales superados y los estándares de competencia profesional asociados a él e incluidos en el **Catálogo Nacional de Estándares de Competencias Profesionales**, así como su correspondencia con el Marco Español de Cualificaciones.

Despliegan su validez en un doble ámbito, laboral y académico:

- En el contexto laboral tienen validez profesional, porque acreditan las competencias en una determinada profesión. Para poder trabajar en algunas profesiones, se exigen determinadas cualificaciones, y los certificados sirven para acreditarlas.

- Asimismo, tienen validez académica, puesto que permiten continuar un itinerario formativo siempre que se cumplan los requisitos de acceso para cursar la titulación deseada. De tal modo que, los Certificados Profesionales que sean parte de un Grado D permitirán la matrícula modular para completar los módulos establecidos en el currículo y obtener el correspondiente título de técnico básico, técnico o técnico superior con validez en todo el territorio nacional.

Para obtener un Certificado Profesional (Grado C) es preciso cumplir con los requisitos de acceso para realizar la formación.

Estructura de los Certificados Profesionales

I. Identificación: denominación, familia y área profesional a la que pertenecen; nivel de cualificación profesional (1, 2 o 3); cualificación profesional de referencia; entorno profesional y módulos formativos que esté previsto cursar junto con la duración de cada uno de ellos.

II. Perfil profesional: incluye las competencias profesionales requeridas en el mercado laboral. En todas ellas se concretan las realizaciones profesionales y los criterios de realización.

III. Formación: describe los módulos formativos que esté previsto cursar para adquirir las competencias requeridas. En cada uno de ellos se indican las capacidades que se pretende alcanzar y la duración del módulo de prácticas no laborales —PNL—, para el que cabe solicitar exención si se cumplen determinados requisitos.

IV. Prescripciones de las personas formadoras.

V. Requisitos mínimos de espacios, instalaciones y equipamiento.

Los Certificados Profesionales se identifican con una denominación concreta y un código alfanumérico propio, y sirven para acreditar una determinada cualificación profesional. Cada certificado está asociado a una relación de unidades de competencia que, a su vez, se vinculan con una serie de módulos formativos específicos. Algunos módulos están integrados por unidades formativas y tanto unos como otras son, en ocasiones, transversales, lo que significa que se trata de contenidos incluidos en más de un Certificado Profesional.

Los Certificados Profesionales se articulan en tres niveles de competencia profesional (1, 2 y 3) conforme a lo dispuesto en el que será el Catálogo Nacional de Estándares de Competencias Profesionales, anteriormente Catálogo Nacional de Cualificaciones Profesionales (CNCP), según los criterios establecidos de conocimientos, iniciativa, autonomía y complejidad de las tareas, en cada una de las ofertas de Formación Profesional.

La oferta formativa dirigida a la obtención de los Certificados Profesionales tiene carácter modular para favorecer la acreditación parcial acumulable de la formación recibida y posibilitar así el avance en el itinerario de Formación Profesional para cualquiera que sea la situación laboral de cada persona en cada momento.

En definitiva, el Grado C constituye la oferta, parcial y acumulable, del sistema de Formación Profesional, de varios módulos profesionales del catálogo modular de Formación Profesional por razón de su significado en el mercado laboral y conducente a la obtención de un Certificado Profesional.

Las ofertas de Grado C de Formación Profesional tendrán por objeto módulos profesionales incluidos previamente en el catálogo modular de formación profesional y asociados al Catálogo Nacional de Estándares de Competencias Profesionales.

Finalidad de los Certificados Profesionales

- Contribuir a la ordenación de un Sistema de Formación Profesional al servicio de un régimen de formación y acompañamiento profesionales que sea capaz de responder con flexibilidad a los intereses, expectativas y aspiraciones de cualificación profesional de las personas a lo largo de su vida.

- Combinar escuela y empresa situando a la persona en el centro del sistema.

- Facilitar el aprendizaje permanente de toda la ciudadanía mediante una formación abierta, flexible y accesible, estructurada de forma modular, a través de la oferta formativa asociada al certificado.

- Acreditar las cualificaciones profesionales o las unidades de competencia recogidas en estas, independientemente de su vía de adquisición, bien sea a través de la vía formativa, o mediante la experiencia laboral o vías no formales de formación.

- Favorecer, tanto a nivel nacional como europeo, la transparencia del mercado de trabajo.

- Contribuir a la calidad de la oferta de Formación Profesional.

Este libro

El presente libro desarrolla la Unidad Formativa denominada "Impartición de acciones formativas para el empleo", UF1645.

Dicha unidad formativa está asociada a la Unidad de Competencia UC1444_3, forma parte del Módulo Formativo MF1444_3 "Impartición y tutorización de acciones formativas para el empleo" perteneciente a la Cualificación Profesional de referencia SSC448_3, de nivel 3, incluida en el Certificado Profesional denominado "Habilitación para la docencia en grados A, B y C del Sistema de Formación Profesional", dentro de la familia profesional Formación y educación.

Según el Real Decreto 1697/2011, de 18 de noviembre, modificado por el RD 625/2013, de 2 de agosto, los contenidos que en esta obra se recogen se corresponden con una duración de 70 horas.

Tanto la estructura como el desarrollo del libro se ajustan al citado real decreto y más concretamente a los contenidos de la Unidad Formativa que le da título: "Impartición de acciones formativas para el empleo", UF1645.

Contenidos

1. **Aspectos psicopedagógicos del aprendizaje en formación profesional para el empleo**
   - El proceso de enseñanza-aprendizaje en la formación de personas adultas:
     - Elementos del proceso formativo: alumnado, docente, materia a impartir, métodos, interacción y contexto.
     - Funciones del docente y de los agentes implicados en la formación (tutor, administrador, coordinador, entre otros).
     - El aprendizaje de adultos: objetivos, características y tipos. Estilos de aprendizaje.
     - Los activadores del aprendizaje: percepción, atención, memoria.
   - La motivación:
     - Elementos: necesidad, acción y objetivo.
     - Proceso de la conducta motivacional.
     - Aplicación de estrategias para motivar al alumnado.
   - La comunicación y el proceso de aprendizaje:
     - El proceso de comunicación didáctica: elementos.
     - Tipos: verbal, no verbal y escrita.
     - Interferencias y barreras en la comunicación. La realimentación.
     - La escucha activa.

- Factores determinantes de la efectividad de la comunicación en el proceso de enseñanza-aprendizaje.
- La comunicación a través de las tecnologías de la información: sincrónica y asincrónica.

2. **Dinamización del aprendizaje en el grupo según modalidad de impartición.**
   - Características distintivas del aprendizaje en grupo.
   - Tipos de grupos.
   - Fases del desarrollo grupal.
   - Técnicas de dinamización grupal, situación y objetivos de aprendizaje.
   - Coordinación y moderación del grupo.
   - Tipos de respuestas ante las actuaciones del alumnado.
   - Resolución de conflictos.

3. **Estrategias metodológicas en la formación profesional para el empleo según modalidad de impartición**
   - Métodos de enseñanza.
   - Principios metodológicos.
   - Estrategias metodológicas.
   - Elección de la estrategia metodológica en función de:
     - Resultados de aprendizaje.
     - Grupo de aprendizaje.
     - Contenidos.
     - Recursos.
     - Organización.
   - Habilidades docentes:
     - Características.
     - Sensibilización como técnica introductoria; variación de estímulos; integración de conocimientos; comunicación no verbal; refuerzo, motivación y participación; secuencialidad y control de la comprensión.
   - Estilos didácticos.
   - La sesión formativa:
     - Organización de una sesión formativa.
     - La exposición didáctica: requisitos y características.
     - Preparación y desarrollo de una sesión formativa.
     - Utilización de los materiales, medios y recursos.

- La simulación docente:
  - Técnicas de microenseñanza.
  - Realización y valoración de simulaciones.
- Utilización del aula virtual.

■ Nota del Editor

En Ediciones Paraninfo estamos comprometidos con la calidad de la formación e intentamos que nuestros materiales respondan fielmente y con rigor a las necesidades de todos cuantos confían en nuestro sello editorial.

Tratamos de dar respuesta a los currículos de las unidades formativas y de los módulos que integran los distintos Certificados Profesionales, equilibrando la parte teórica con la práctica para que los procesos de aprendizaje se conviertan en experiencias gratificantes, tanto para docentes como para las personas inmersas en los procesos formativos.

Nuestros objetivos son contribuir de forma decisiva a afianzar aprendizajes, ayudar a adquirir destrezas que tengan significado para el empleo y conseguir potenciar el desarrollo personal.

Para lograrlo contamos con excelentes autores, expertos en las materias que abordan, en la mayoría de los casos docentes de dichas especialidades con dilatada experiencia tanto profesional como académica, porque buscamos perfiles familiarizados con los contextos laborales concretos a los que se refieren nuestros manuales.

Confiamos en poder serte de ayuda y esperamos tus impresiones acerca de nuestro trabajo. Sean positivas o negativas, serán muy bien recibidas y, sin duda, nos ayudarán a seguir mejorando y trabajando con ilusión para continuar siendo un referente en formación para el empleo.

Agradecemos tu confianza en nuestros manuales. Todo nuestro equipo queda a tu total disposición. Puedes contactar con nosotros en esta dirección de correo electrónico:

info@paraninfo.es

1. Aspectos psicopedagógicos del aprendizaje en formación profesional para el empleo

Contenido

Objetivos

Objetivo general

Analizar los diferentes elementos que se movilizan para que se produzca el aprendizaje de personas adultas, describiendo cómo trabajar en el aula atendiendo a la diversidad del alumnado y creando un ambiente en el que la comunicación sea eficaz.

Objetivos operativos

- Identificar los principios y factores que intervienen en el aprendizaje de personas adultas.

- Enumerar las funciones de los diferentes agentes que intervienen en una acción formativa.

- Explicar cómo se produce el aprendizaje de personas adultas, explicando cómo influyen los diferentes tipos y estilos de aprendizaje.

- Explicar cómo promover la motivación y automotivación del alumnado.

- Describir cuáles son los factores que determinan la efectividad de la comunicación en una acción formativa.

- Identificar herramientas de comunicación en entornos virtuales.

Para impartir satisfactoriamente formación para el empleo de personas adultas es básico conocer cómo se produce el aprendizaje adulto y qué aspectos intervienen en el mismo. De esta forma, seremos capaces de seleccionar y utilizar las estrategias más adecuadas en función del grupo destinatario, los recursos, los contenidos y el medio (físico o virtual).

El **aprendizaje** en la adultez y la infancia tiene lugar de forma diferente, entre otras razones porque sus expectativas, intereses y motivaciones son distintos.

La persona adulta aprende para enfrentarse a situaciones que debe resolver a corto plazo, no para preparase para una vida futura. Su motivación es el presente: mejorar su empleabilidad, adquirir habilidades que le permitan actualizarse en su trabajo, etc.

Por otro lado, tiene una historia personal cargada de experiencias, a las que recurrirá para adquirir nuevas competencias. Esta es la clave del **aprendizaje significativo**, que toma como base los conocimientos, experiencias e intereses que se poseen para enlazarlos con otros nuevos e incrementarlos.

A lo largo de la presente unidad desarrollaremos cuáles son los elementos que influyen el proceso formativo, tanto relativos a las personas que intervienen en el mismo (formadores, alumnos, tutores, etc.) como a los métodos y recursos que lo sustentan, sin olvidarnos de cuáles son las claves para que se produzca el aprendizaje.

1.1. El proceso de enseñanza-aprendizaje en la formación de personas adultas

El proceso de enseñanza-aprendizaje lleva asociados dos conceptos diferentes, complementarios y, a la vez, opuestos:

- Enseñanza: **transmisión** de conocimientos sobre una materia.

- Aprendizaje: **adquisición** de nuevos conocimientos o destrezas que se mantienen a lo largo del tiempo.

Vamos a trabajar más ampliamente estos conceptos, principalmente el segundo.

> «Enseñar no es transferir conocimiento, sino crear las posibilidades para su propia producción o construcción». *Paulo Freire*

¿Qué es el aprendizaje? Este concepto tiene múltiples definiciones, si bien casi todas poseen elementos comunes.

- Catalina M. Alonso: «Aprendizaje es el proceso de adquisición de una disposición, relativamente duradera, para cambiar la percepción o la conducta como resultado de una experiencia».

- Beltrán: «El aprendizaje es un cambio más o menos permanente de la conducta que se produce como resultado de la práctica».

- Gagné: «El aprendizaje es un cambio en la disposición o capacidad de las personas que puede retenerse y no es atribuible simplemente al proceso de crecimiento».

Tomando estos tres ejemplos como base, podemos deducir que los elementos clave del aprendizaje son tres:

- Produce un **cambio**.

- Es el resultado de la **experiencia o la práctica**.

- Es relativamente ***permanente***.

En los últimos años se ha comenzado a utilizar el término ***andragogía,*** que se define como 'el conjunto de técnicas de enseñanza orientadas a **educar personas adultas**'. El autor Malcolm Knowles considera que las personas adultas aprenden de forma diferente a los niños y deben ser partícipes de su propia formación.

Finalmente, vamos a utilizar la definición de la UNESCO para explicar qué se quiere decir con **educación de personas adultas**:

> La educación de personas adultas designa la totalidad de los procesos organizados de educación, sea cual sea el contenido, el nivel o el método, sean formales o no formales, ya sea que prolonguen o remplacen la educación inicial dispensada en las escuelas y universidades, y en forma de aprendizaje profesional, gracias a las cuales, las personas consideradas como adultas por la sociedad a la que pertenecen desarrollan sus aptitudes, enriquecen sus conocimientos, mejoran sus competencias técnicas o profesionales, o les dan una nueva orientación, y hacen evolucionar sus actitudes o su comportamiento en la doble perspectiva de un enriquecimiento integral de la persona y una participación en un desarrollo socioeconómico y cultural equilibrado e independiente.

1.1.1. Elementos del proceso formativo: alumnado, docente, materia a impartir, métodos, interacción y contexto

A partir de las definiciones anteriores, es posible inferir que el proceso formativo va a estar integrado por una serie de elementos, que son:

- El **docente** (formador o profesor), que es la persona que transmite los conocimientos, selecciona la estrategia didáctica y planifica las actividades en función de esta estrategia y del grupo destinatario.

  Tiene experiencia en la materia, además de dominar otra serie de habilidades que debe movilizar para que se produzca el aprendizaje. Actúa como guía que orienta al grupo, siempre atendiendo las necesidades individuales, hacia la consecución de los objetivos de la acción formativa.

- El **alumno**, que es el actor que adquiere nuevos conocimientos a través de la interacción con el equipo docente y el resto del alumnando.

  Es el protagonista del proceso y el responsable último de adquirir las competencias que necesita para su desarrollo personal y profesional.

  La selección del alumnado es un paso clave en todo el proceso formativo. Es necesario tener en cuenta su nivel inicial de conocimientos, sus necesidades de cualificación, sus expectativas profesionales y personales, y sus motivaciones e intereses para realizar una acción formativa determinada.

- La **materia** a impartir, que está constituida por los contenidos que integran el diseño formativo y que deben ser la base para construir nuevas **competencias** en el alumnado.

> Una competencia es el conjunto de conocimientos —**saber**—, habilidades —**saber hacer**— y actitudes —**saber ser**— que se movilizan para llevar a cabo una tarea.

En formación para el empleo, unos contenidos adecuados serán aquellos que combinen una base teórica con la realización de prácticas dirigidas a desarrollar las habilidades, destrezas y actitudes necesarias para un trabajo determinado.

- Los **métodos**, o el conjunto de técnicas y estrategias que se utilizan para transmitir facilitar la transmisión de conocimientos.

La estrategia metodológica debe seleccionarse en función de las características del grupo destinatario, el tipo de contenido que se va a impartir, los recursos disponibles, el tiempo, etc.

En la medida de lo posible, la metodología debe ser activa y participativa, consiguiendo que el alumno sea el protagonista de su propia formación y compruebe de forma real cuál es la aplicación práctica de los conocimientos adquiere.

- La **interacción**, o **relaciones** que se establecen entre todas las personas participantes en el proceso formativo. Para que se produzca de forma adecuada, el docente tiene que ser capaz de comunicarse correctamente y crear un clima de trabajo propicio para evitar conflictos y que el aprendizaje se desarrolle satisfactoriamente.

- **Contexto**: situación en la cual se produce el aprendizaje, ya sea un aula física o virtual. En ambos casos, este contexto debe ser acorde con el grupo destinatario, la materia que se va a impartir, los objetivos que se deben alcanzar, la metodología y los recursos disponibles.

El proceso de enseñanza-aprendizaje se realiza a través de la interacción entre el alumno y el docente, que utiliza diferentes métodos para transmitir la materia que va a impartir, teniendo en cuenta la situación o contexto en el que tiene lugar.

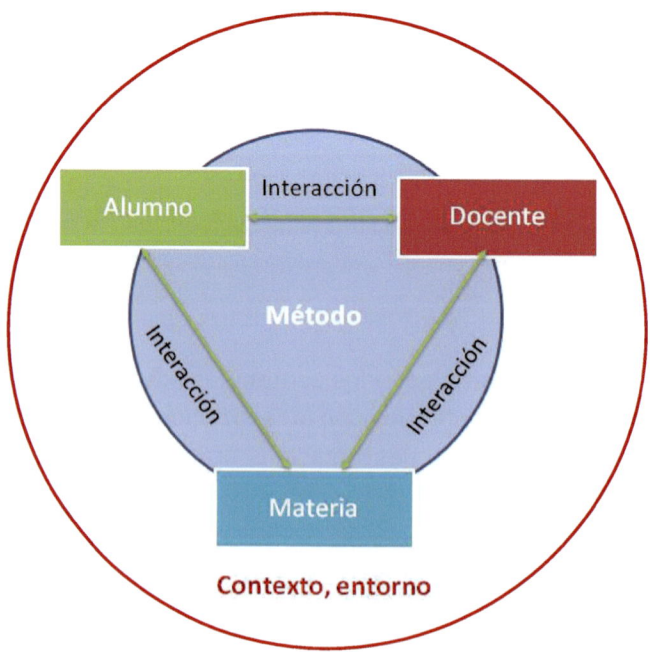

1.1.2. Funciones del equipo docente y del resto de agentes implicados en la formación (tutor, administrador, coordinador, entre otros)

A continuación detallaremos cuáles son las funciones de los diferentes agentes implicados en la formación.

FUNCIONES DEL DOCENTE

El certificado profesional *Habilitación para la docencia en grados A, B y C del Sistema de Formación Profesional* define cuáles son las funciones del docente para la formación de personas adultas:

> Programar, impartir, tutorizar y evaluar acciones formativas del subsistema de formación profesional para el empleo, elaborando y utilizando materiales, medios y recursos didácticos, orientando sobre los itinerarios formativos y salidas profesionales que ofrece el mercado laboral en su especialidad, promoviendo de forma permanente la calidad de la formación y la actualización didáctica.

- El docente es la persona experta en la materia e imparte los contenidos que forman parte de las competencias que debe adquirir el alumno.

- Planifica la formación y establece las metas que se deben alcanzar.

- Prepara las pruebas de acceso al curso.

- Participa en el proceso de selección del alumnado.

- Selecciona la estrategia didáctica más adecuada en función del grupo de incidencia y de los contenidos.

- Organiza el contexto, facilitando la interacción del alumno con los materiales y recursos, y con el resto de participantes.

- Facilita el logro del aprendizaje.

- Realiza la evaluación formativa y sumativa del curso.

Para realizar esta labor, el docente además de ser una persona experta y profesional de la materia, debe poseer una serie de competencias que, combinadas adecuadamente, facilitarán el proceso de enseñanza-aprendizaje.

Competencias		Prescripciones de los formadores en los certificados profesionales
Técnicas	• Domina el contenido que va a impartir.	Titulación académica descrita en el apartado de prescripción de los formadores del certificado profesional. Poseer la experiencia laboral en las competencias desarrolladas por el certificado profesional.
Pedagógicas	• Domina las claves pedagógicas para promover el aprendizaje en el alumnado adulto. • Adapta los contenidos en función del grupo destinatario, seleccionando las metodologías, medios y recursos más adecuados a cada situación.	Poseer capacitación docente acreditada (con el certificado de formador ocupacional, el certificado de docencia, el CAP o el máster universitario de secundaria).
Sociales	• Se comunica de forma adecuada con el grupo, adapta el mensaje a la audiencia y es capaz de escuchar activamente y dar y recibir retroalimentación. • Trata al alumnado con equidad, huyendo de estereotipos y prejuicios. • Analiza los problemas, toma decisiones y resuelve conflictos. • Motiva y organiza el grupo para alcanzar los objetivos previstos.	

FUNCIONES DEL TUTOR

El tutor es una persona que puede intervenir o no en el proceso de formación y que ofrece a cada participante una atención individual (o grupal, si las circunstancias así lo requieren), así como orientación y apoyo para finalizar con éxito la acción formativa.

- Es el responsable del seguimiento del alumnado.

- Actúa como guía externo y orientador.

- Cuando este rol no recae en el docente, es el mediador de los problemas que puedan surgir entre el formador y el alumno.

Figura 1.1. Formador en el aula.

FUNCIONES DEL COORDINADOR

La persona encargada de la coordinación es la responsable de que los planes formativos se desarrollen de forma correcta, es decir:

- Identifica, junto con el equipo docente, los objetivos de las acciones formativas.

- Diseña y elabora propuestas, informes, etc.

- Planifica la formación: calendario, horarios, aulas…

- Selecciona al alumnado.

- Realiza el seguimiento de cumplimiento de objetivos formativos y de calidad.

- Comprueba que el docente dispone de todos los recursos necesarios para llevar a cabo la acción formativa.

- Gestiona bajas, altas y todas las incidencias que se produzcan a lo largo de un curso.

FUNCIONES DEL ADMINISTRADOR

El administrador es la persona responsable de la provisión y control de recursos, de la disponibilidad de las aulas y, en general, de toda la logística relacionada con la acción formativa.

En el caso de formación *online,* esta figura tiene una función técnica, siendo la persona encargada de configurar el centro virtual de formación, gestionarlo, cargar los contenidos, diseñar técnicamente, junto con el teletutor, los recursos disponibles en el aula y velar por que no se produzcan problemas técnicos y, si surgiesen, se resuelvan en el mínimo tiempo posible.

ACTIVIDAD:

Busca el certificado profesional del cual aspiras a ser docente y localiza cómo refleja estas competencias.

FUNCIONES DEL TELETUTOR

En la teleformación o *e-learning* existen otra serie de figuras que intervienen el proceso formativo. En este caso, el rol del teletutor o docente varía con respecto al proceso formativo presencial, adoptando el papel de facilitador.

Veamos cuáles son algunas de las funciones que el teletutor realiza a lo largo del proceso de enseñanza-aprendizaje.

Rol organizativo	• Establece la agenda • Impulsa la participación del grupo proponiendo actividades y solicitando colaboraciones • Incluye los recursos adecuados a los contenidos y al grupo
Rol social	• Interactúa con el alumnado • Dinamiza los foros, chats, etc. • Propone y modera los debates • Resuelve conflictos
Rol experto	• Realiza el seguimiento del aprendizaje • Resuelve dudas • Corrige prácticas y ejercicios y ofrece *feedback* • Proporciona información complementaria

SEGUIMIENTO

Debe velar continuamente por el cumplimento de los objetivos. Su presencia en el aula virtual tiene que ser diaria, que el alumnado vea que hay alguien detrás que sigue sus pasos. Si surge un problema, este se resolverá de forma inmediata y no se complicará. Realizar un seguimiento adecuado implica:

- Definir claramente los objetivos.

- Seleccionar recursos adecuados.

- Estructurar los contenidos.

- Establecer plazos.

EVALUACIÓN

El alumno necesita comprobar el grado de éxito en lo que hace, y de ahí que sea muy importante que el tutor le ofrezca retroalimentación periódica sobre los progresos que va realizando a lo largo del curso. Para realizar la evaluación correctamente, el teletutor debe:

- Plantear actividades relacionadas con la teoría.

- Realizar exámenes y autoevaluaciones.

- Comunicar los resultados de las evaluaciones.

- Poner a disposición del alumnado información sobre su evolución académica.

ORIENTACIÓN

Una parte muy importante de su trabajo es aconsejar al alumnado sobre cómo organizar sus tiempos, cómo realizar las actividades, cómo participar en el curso, etc. Este asesoramiento abarca aspectos relacionados con los contenidos, con las herramientas informáticas, con la administración del curso y con las relaciones que se establecen entre los participantes. Las actividades inherentes a la orientación son:

- Aconsejar sobre las dificultades que puedan presentar los temas y las actividades.

- Elaborar guías de estudio.

- Responder a las dudas.
- Resolver las posibles dificultades que vayan surgiendo.

MOTIVACIÓN

El tutor debe saber activar la motivación para evitar el abandono o la apatía:

- Potenciando los logros.
- Partiendo de los conocimientos previos de los alumnos.
- Contextualizando los aprendizajes.
- Aplicando técnicas de motivación.

DINAMIZACIÓN

El tutor debe promover la participación activa y equilibrada de todo el grupo, animando a aquellas personas más pasivas y, cuando sea necesario, limitando a las personas demasiado activas. ¿Cómo?

Implicaciones:

- Proponiendo preguntas y actividades.
- Animando los debates.
- Fomentando la participación de todos los participantes.
- Reconduciendo las discusiones si se desvían hacia temas sin interés para el curso.
- Cerrando temas.
- Promoviendo las relaciones entre los participantes.
- Adecuando el tono de los mensajes a las distintas situaciones.
- Proponiendo actividades de trabajo en grupo.

ACTIVIDAD:

¿Podrías definir, con tus propias palabras, cuáles son las funciones del docente de formación profesional para el empleo?

1.1.3. El aprendizaje de personas adultas: objetivos, características y tipos. Estilos de aprendizaje

OBJETIVOS DEL APRENDIZAJE DE ADULTOS

Tal como hemos señalado anteriormente, la motivación del adulto para aprender se basa en la necesidad de adquirir nuevas competencias para resolver un problema o situación a corto plazo.

> «Los adultos aprenden cuando consideran que las metas y los objetivos propuestos son realistas e importantes para ellos, es decir, son relevantes en el ámbito personal o profesional». *Bruce Speck*

Los adultos son conscientes de cuáles son sus necesidades formativas, seleccionan los medios para adquirirlas y deciden de qué forma, dónde y cuándo quieren hacerlo.

CARACTERÍSTICAS DEL APRENDIZAJE ADULTO

Las personas adultas se rigen por determinadas leyes del aprendizaje que los caracterizan. Estas leyes son:

- **Necesidad:** aprende para cubrir unas necesidades concretas, en función de una tarea que quiere emprender o una situación que quiere modificar.

- **Responsabilidad:** las personas adultas están acostumbradas a tomar decisiones, por lo que deben ser elementos activos de su propia formación, e involucrarse en la planificación y evaluación del proceso.

- **Experiencia previa:** los conocimientos que se adquieren se conectan con experiencias previas; de esta forma, se va construyendo el andamiaje que ayuda a adquirir nuevas competencias.

- **Resolución de problemas:** el aprendizaje de adultos debe estar más centrado en resolver situaciones que en adquirir nuevos conceptos.

- **Motivación e interés:** ambos se movilizan cuando se tiene claro cuál es la finalidad del aprendizaje, su aplicación práctica y el cambio que reportan los nuevos conocimientos y habilidades adquiridos. Si el esfuerzo que requiere el proceso no está acorde con los logros que se van a obtener, este interés se pierde.

- **Resistencia al cambio:** suele oponerse a los cambios y a las novedades, que puede percibir como amenazas. Por esta razón, es esencial que conozca cuál será el resultado que va a obtener del proceso de formación.

- **Miedo a la frustración:** el miedo al ridículo y a la frustración puede lastrar el proceso de formación de una persona, sobre todo si su nivel académico es bajo. Los sistemas competitivos y las críticas negativas deben evitarse para minimizar estos aspectos.

- **Verificación:** necesidad de verificar permanentemente la utilidad de su aprendizaje. Debe tener un conocimiento constante de qué ha comprendido, qué sabe hacer.

ACTIVIDAD:

Lee el siguiente texto: https://learninglegendario.com/andragogia-como-aprenden-los-adultos/

Reflexiona acerca de cómo aplicas (o aplicarás) estos principios a los cursos que impartes. Intenta diseñar situaciones de aprendizaje reales para cada principio.

TIPOS DE APRENDIZAJE

Existen divergencias para definir cuáles y cuántos son los diferentes tipos de aprendizaje. En este texto, vamos a basarnos en la teoría del **aprendizaje significativo, de David Ausubel.**

Aprendizaje significativo: se basa en las experiencias y conocimientos previos que tiene el individuo, que conecta con los nuevos conceptos para construir el conocimiento. El aprendizaje significativo se produce cuando una persona es capaz de conectar nuevos conceptos con los que ya posee, de forma que se produce una evolución de lógica del aprendizaje, creando un significado.

Como contraposición a este tipo de aprendizaje está el **aprendizaje mecánico,** que consiste en la mera adquisición y memorización de conceptos, fórmulas, etc., sin conexión alguna con las experiencias previas.

Para el aprendizaje significativo, Ausubel diferencia cuatro tipos de aprendizaje:

Aprendizaje por imitación

El aprendizaje se produce a través de la observación de un modelo de otra persona (formador, alumno...) que muestra el modo correcto de ejecutar una actividad.

Cuando el modelo es una figura cercana, de características similares a las del alumno, aumentan las posibilidades de que se produzca el **aprendizaje**.

El aprendizaje se produce en cuatro fases:

- **Adquisición**: el sujeto observa la conducta que tiene que imitar o reproducir.
- **Retención**: esa conducta se almacena en la memoria.
- **Ejecución**: la reproduce.
- **Retroalimentación**: el docente ofrece información acerca de cómo se ha realizado la práctica, introduciendo las correcciones que se deban efectuar.

EJEMPLO:

En un curso de actividades de floristería, el instructor muestra cómo envolver una composición floral con criterios estéticos para su presentación. A continuación, el alumno, contando con los materiales y recursos adecuados, debe realizar la misma operación. Una vez finalizada, el docente le reporta información acerca de la práctica realizada y de la necesidad, o no, de introducir mejoras en la misma.

Aprendizaje por ensayo y error

Supone el aprendizaje a través de los éxitos o fracasos de la ejecución práctica, a partir de la actividad del alumno. Se trata de un modelo de aprendizaje muy útil cuando trabajamos habilidades.

- El éxito supone un refuerzo en el autoconcepto y la autoestima del alumno, consiguiendo la retención y fijación de las conductas que han conducido al mismo.

- Las conductas erróneas, que han producido un fracaso, provocan la reducción de esa actividad, pero realmente sigue existiendo aprendizaje acerca de lo que no debe hacerse.

> **EJEMPLO:**
>
> En un curso de Montaje y Postproducción de Audiovisuales, el alumno debe realizar el montaje de un vídeo, sincronizando la imagen con el audio e introduciendo subtítulos. Una vez finalizado, se comprueba la calidad del montaje final y se introducen las mejoras necesarias para realizarlo.

Aprendizaje por recepción

Se apoya en exposiciones orales (o visuales) del formador o a través de documentación (escrita o multimedia). Es, quizás, la forma menos efectiva de aprender, aunque es muy útil para la exposición de conceptos, datos y hechos. La consecución de un aprendizaje significativo a través de este modelo requiere la siguiente estructura:

- Una introducción que active en el alumnado los conocimientos previos necesarios, es decir, un organizador previo de los contenidos que vendrán a continuación, un puente entre los conocimientos previos y los nuevos.

- Exposición estructurada explicitando la organización que, además, debe captar el interés de los alumnos.

- Explicación de las conexiones entre las ideas previas de los alumnos/-as y la organización expuesta a través de comparaciones, diferencias, ejemplos, ejercicios prácticos...

> **EJEMPLO:**
>
> En el curso de Habilitación para la docencia en grados A, B y C del Sistema de Formación Profesional, el formador realiza una exposición acerca de las características del aprendizaje de personas adultas, apoyándose en transparencias y utilizando ejemplos reales para contextualizar la situación.

Aprendizaje por descubrimiento

El alumno aprende a través de su propia investigación o razonamiento de los contenidos (conceptuales, procedimentales y actitudinales) que se presentan de forma inconclusa. Debe llegar a una conclusión o solución al problema planteado a partir de sus conocimientos previos y las herramientas puestas a su disposición. Para que ocurra es necesario que se den las siguientes condiciones:

- El ámbito de búsqueda debe restringirse para que no ocupe mucho tiempo. De hecho, este es uno de los inconvenientes de esta forma de aprender, la gran cantidad de tiempo que requiere.

- Deben especificarse exactamente cuáles son los objetivos que se pretenden y de qué medios se dispone, procurando que estén en conexión con los intereses y motivaciones del adulto (ser «atrayentes»).

- Tomar como referencia los conocimientos previos.

- Que los alumnos estén familiarizados con procedimientos de observación, búsqueda, control y medición de variables.

- Además, los alumnos deben percibir que la tarea tiene sentido y merece la pena.

EJEMPLO:

En un curso de Actividades de gestión del pequeño comercio, el docente realiza una breve exposición acerca de cómo realizar una campaña de marketing y propone al alumnado que investigue cómo organizar una campaña promocional para sus productos, segmentando los clientes y eligiendo los canales que va a utilizar para hacer llegar la información a sus futuros compradores.

Una vez desarrollada esta actividad, el docente suministrará la información necesaria para que el alumno introduzca las mejoras necesarias en la campaña que ha creado.

Figura 1.2. Aprendizaje por descubrimiento.

ESTILOS DE APRENDIZAJE

Los estilos de aprendizaje constituyen el conjunto de **rasgos que definen cómo una persona se** enfrenta a una situación de aprendizaje.

Los estilos de aprendizaje «(…) señalan la manera en que el estudiante percibe y procesa la información para construir su propio aprendizaje, estos ofrecen indicadores que guían la forma de interactuar con la realidad» (Castro y Guzmán, 2005).

Se clasifican en función de tres aspectos:

- Según el **sentido predominante:**

Estilo de aprendizaje	Características	Estrategias
Visual	Aprende lo que ve y lee. Reproduce la información dibujando o escribiendo. Organiza la información en su cerebro mediante imágenes, a las que recurre cuando necesita recordar algo.	Acompañar las explicaciones orales con textos e imágenes. Utilizar soportes visuales. Crear mapas conceptuales, gráficos, etc.
Auditivo	Aprende lo que oye. Reproduce la información explicándosela a sí mismo o a los demás. Almacena la información por bloques completos y, frecuentemente, tiene dificultades para relacionarla.	Explicaciones orales. Pedir al alumno que realice exposiciones.
Kinestésico	Aprende haciendo. Tiene la necesidad de involucrase activamente en el proceso. Reproduce la información recordando qué es lo que ha hecho. Almacena la información a partir de la «memoria muscular», que automatiza los movimientos que ha realizado previamente.	Acompañar las explicaciones mediante prácticas, donde el alumno pueda ejecutar lo que ha aprendido.

ACTIVIDAD:

El test **Estilo de aprendizaje** que encontrarás en los recursos complementarios te ayudará a identificar cuál es tu estilo de aprendizaje.

- Según las **estrategias cognitivas**:

Aunque hay muchas clasificaciones, una de las más utilizadas es la de Honey y Mumford, que los agrupa en cuatro grupos en función de cómo se organizan y trabajan.

Según las estrategias cognitivas		
Activo	• Busca experiencias nuevas, en las que se implica plenamente. • Se entusiasma con nuevas tareas y los retos que le suponen los nuevos aprendizajes. • Se crece ante los desafíos.	Prefiere las técnicas activas: • Resolución de problemas. • Representación de roles. • Hacer presentaciones. • Variedad de actividades.
Reflexivo	• Analiza los datos con detenimiento antes de llegar a conclusiones. • Antes de actuar, reflexiona. • Observa con detenimiento las distintas experiencias. • Considera todas las alternativas posibles antes de actuar.	• Utilizar métodos demostrativos, que les permitan observar y sacar sus propias conclusiones. • Proponer actividades de investigación. • Proporcionar lecturas que les permitan reunir información y extraer conclusiones. • Proporcionar materiales y experiencias de aprendizaje que les despierten el interés y provoquen su curiosidad (retos).
Teórico	• Busca la racionalidad y la objetividad analizando los problemas de forma lógica. • Le gusta analizar y resumir las situaciones. • Huye de lo subjetivo y ambiguo.	• Explicaciones orales, lecturas. • Aplicar técnicas interrogativas. • Actividades de análisis, comparación, de detección de puntos débiles/fuertes (caso de estudio).
Pragmático	• Busca poner en práctica los conocimientos adquiridos. • Necesita experimentar, aprender haciendo, conocer el para qué.	• Contextualizar los contenidos, explicar su aplicación. • Acompañar las explicaciones mediante prácticas.

- Según el **procesamiento de la información:**

Otra clasificación muy conocida acerca de los estilos de aprendizaje es la teoría de Kolb. Según Kolb, el aprendizaje es el resultado de cómo una persona procesa los datos recibidos.

Así, establece dos tipos opuestos de percepción:

- La percepción a través de la **experiencia concreta** de los contenidos.

- La percepción a través de la **conceptualización abstracta.**

Asimismo, el procesamiento también se realiza de dos formas opuestas:

- Mediante la **experimentación activa.**

- Mediante la **observación reflexiva.**

Estos factores dan lugar a los cuatro estilos diferentes de aprendizaje:

- **Estilo convergente:** las capacidades predominantes son la conceptualización abstracta y la experimentación activa. El sujeto tiende a organizar sus conocimientos de tal manera que pueda dirigirlos a la resolución de problemas específicos mediante el razonamiento hipotético-inductivo (aprende pensando y, posteriormente, actuando). Su punto fuerte es la aplicación práctica de las ideas.

- **Estilo divergente:** en este caso, predomina la experimentación concreta y la observación reflexiva. Son personas con una alta creatividad y se desenvuelven perfectamente en ambientes donde se promueva la producción de ideas. Aprenden haciendo una actividad concreta y, posteriormente, sacan sus propias conclusiones.

- **Estilo asimilador:** las capacidades para el aprendizaje que predominan son la conceptualización abstracta y la observación reflexiva. Este estilo está más orientado a la teoría que a la práctica. Su punto fuerte es la creación de modelos teóricos, mapas conceptuales, etc.

- **Estilo acomodador:** sus fortalezas son la experiencia concreta y la experimentación activa. Su punto fuerte es hacer cosas, llevar a cabo experimentos y proyectos e involucrase en tareas nuevas. Es el estilo más arriesgado y se denomina acomodador, porque destaca en situaciones donde es necesaria una alta capacidad de adaptación.

La combinación de estos cuatro estilos da lugar al cuadrante de Kolb:

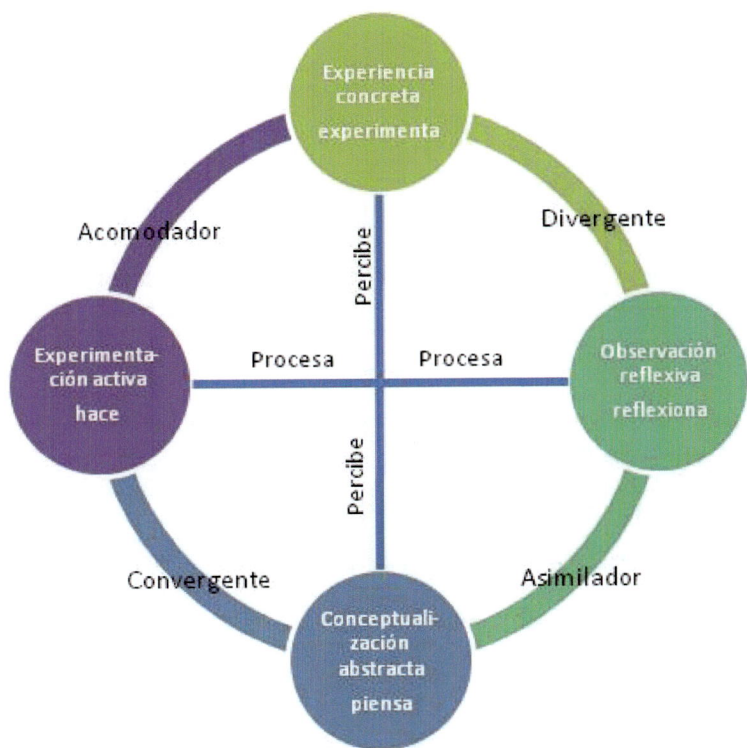

Los estilos de aprendizaje, si bien suelen ser inherentes a cada persona, se pueden modificar. Es interesante que el alumno sea consciente de cuál es su estilo de aprendizaje.

Aunque en todas las personas predomina más un estilo que otro, no hay estilos puros, y en el aula nos encontraremos con una amplia variedad. Por esto es clave crear un ambiente de enseñanza-aprendizaje que trabaje todas las categorías con la suficiente variedad metodológica para atender a todo el alumnado.

ACTIVIDAD:

¿Sabes cuál es tu estilo de aprendizaje dominante?

1. ¿Cómo resuelves los problemas, basándote en experiencias conocidas o de forma deductiva?

2. ¿Te consideras una persona creativa? ¿Buscas soluciones nuevas a problemas conocidos?

3. ¿Te gusta involucrarte en nuevas experiencias o prefieres profundizar acerca de lo que ya conoces?

4. ¿Prefieres trabajar los conocimientos teóricos o prácticos?

Para conocer cuál es tu estilo de aprendizaje, puedes realizar el **test de David Kolb**. También puede ser recomendable que lo haga el alumnado en el aula.

Nota: Encontrarás este test en los recursos complementarios del libro.

1.1.4. Los activadores del aprendizaje: percepción, atención, memoria

El aprendizaje es un proceso a partir del cual se adquiere una información que se almacena, con el fin de utilizarla cuando sea necesario, ya sea de forma **teórica** o **práctica**.

Esta información se procesa y guarda en el cerebro, con el fin de recurrir a ella en situaciones en las que se pueda aplicar.

Este proceso necesita tres componentes: la percepción, la atención y la memoria.

LA PERCEPCIÓN

La percepción es la interpretación que una persona hace de la información que recibe a **través de los sentidos**.

La percepción se rige por diferentes leyes que establecen cómo influye en el aprendizaje:

Ley	Características	Implicación en el aprendizaje
Similitud	Los objetos similares tienden a ser percibidos como una unidad.	Los contenidos semejantes a otros se aprenden mejor.
Proximidad	Los objetos próximos tienden a ser percibidos como una unidad.	Se recuerda mejor lo más reciente.
Cierre	La mente humana se esfuerza para finalizar lo que no está finalizado.	Los conocimientos se aplican para resolver problemas.
Simplicidad	Al observar un patrón, se percibe la forma más básica y directa.	Lo más sencillo se recuerda mejor.

Similitud

Proximidad

Cierre

Simplicidad

LA ATENCIÓN

La atención es el mecanismo que posee una persona para seleccionar, entre todos los estímulos que la rodean, aquellos que son relevantes para ella.

Consiste en dirigir los sentidos y, por tanto, la percepción, hacia un estímulo determinado, que pasa a formar parte del consciente si se considera necesario.

La atención es indispensable para que el proceso de aprendizaje sea eficaz. Existen diferentes tipos de atención:

- **Atención espontánea**: natural, no requiere intención. Está influida por los intereses, la educación, la cultura, las experiencias previas.

- **Atención voluntaria**: surge de las decisiones conscientes de la persona.

- **Atención pasiva o involuntaria**: el estímulo se impone a la consciencia (un grito, un reflejo, una luz brillante).

- **Atención espontánea adquirida**: aquella que inicialmente se produjo voluntariamente, pero que, por repetición, ha pasado a realizarse de forma natural.

Los factores que influyen en la atención son los siguientes:

Internos	Externos
• Los intereses. • Las necesidades. • El deber. • La educación. • El hábito. • El cansancio y la fatiga.	• La novedad del estímulo. • El cambio o variación de estímulo. • La secuenciación en la presentación de estímulos. • La utilización de diferentes canales sensoriales. • La intensidad o tamaño del estímulo. • La utilización de estímulos habituales y relacionados con las experiencias y necesidades del que aprende. • La duración o repetición del estímulo.

Estrategias para mejorar la atención del alumnado

- Exponer claramente los **objetivos** y contenidos.

- Atraer la atención mediante preguntas clave, que se pueden exponer al inicio de cada sesión o unidad didáctica.

- Demostrar la **utilidad práctica** de los contenidos.

- Utilizar adecuadamente la comunicación verbal y no verbal.

- Eliminar distractores (barreras en la comunicación) tales como ruidos, música, etc.

- Contextualizar los contenidos con la realidad.

- Incluir variedad de recursos didácticos.

- Hacer partícipe al alumno en su propia formación a través de metodologías activas.

PARA SABER MÁS...

Visualiza los siguientes vídeos:

- Leyes de la percepción en 3 minutos:
  https://youtu.be/RAYJ1BMP7w4?si=aH2DcrO2QPptLKnr
- Prueba de atención y concentración:
  https://youtu.be/PbVYH8FCLvo?si=ZHBOjAAj5_n5B8tS

LA MEMORIA

Es la capacidad de almacenar y recuperar información del cerebro. Es decir, implica la posibilidad de almacenar nuevos conocimientos y recuperar los «viejos» que permitirán conseguir un verdadero aprendizaje. El proceso de almacenamiento y recuperación se realiza en diferentes fases:

- **Fijación/registro:** almacenamiento de los contenidos percibidos, influido por el estado físico, la atención prestada, el número de veces que se repita la información…

- **Codificación:** nuestro sistema nervioso no puede almacenar palabras e imágenes, de forma que convierte la información en un código reconocible por nuestras neuronas.

- **Conservación:** almacenamiento de recuerdos, pasando estos a ser partes del preconsciente y del inconsciente de la persona.

- **Evocación:** los recuerdos mantenidos en la memoria se activan cuando un estímulo los hace revivir.

- **Locación:** la información almacenada se puede localizar.

- **Reconocimiento:** tras ser evocados, los recuerdos son reconocidos como tales.

Existen dos tipos de memoria, según su función:

1. **Memoria de captación,** encargada del reconocimiento. Es decir, relaciona y compara la información que recibe con la que ya se posee.

2. **Memoria de retención,** implica la recuperación de la información ya almacenada. El recuerdo.

Figura 1.3. Memoria.

En una persona adulta, el procesamiento y recuperación de la información que se recibe suele ralentizarse. Algunas estrategias que se pueden llevar a cabo en el aula para facilitar esta primera retención y posterior puesta en práctica son las siguientes:

- Consensuar con el alumno los objetivos del aprendizaje y la planificación del mismo. Si no es posible, al menos debe conocer los objetivos, los contenidos y la planificación antes del inicio de la formación.

- Organizar adecuadamente la información, evolucionando desde lo sencillo a lo complejo y desde las ideas concretas a las abstractas.

- Recurrir a palabras clave o anclajes para potenciar la memoria.

- Repetir los conceptos importantes, de diferentes formas y a través de diversos medios (verbal y visual, por ejemplo).

- Fijar los conceptos a través de la aplicación práctica de los mismos, favoreciendo la participación activa del grupo.

- Conectar la experiencia de los alumnos con los nuevos conceptos.

1.2. La motivación

> «La motivación es el deseo de hacer mucho esfuerzo por alcanzar una meta, condicionado por la posibilidad de satisfacer una necesidad individual». *P. Robbins*

La motivación es una condición indispensable para que se produzca el aprendizaje. Su intensidad depende de las necesidades previas de la persona, de las posibilidades de éxito y de su reconocimiento.

1.2.1. Elementos: necesidad, acción y objetivo

La motivación nace de una necesidad o deseo para conseguir un objetivo concreto a través una actividad que progresa hasta alcanzar la meta.

El proceso de motivación se inicia con la carencia, consciente o inconsciente, de un bien básico que rompe el equilibrio de la persona y le crea una necesidad.

Ante este desequilibrio, el individuo desarrollará una actividad dirigida a alcanzar un objetivo concreto, cuya consecución restablecerá el equilibro.

Teniendo en cuenta estos tres elementos, podemos anticipar algunas claves para despertar la motivación del alumnado en el proceso de enseñanza-aprendizaje:

- Identificar las necesidades del alumnado.

- Conectar los objetivos de la formación con los objetivos del alumno.

- Desarrollar el proceso de formación a partir de dichas necesidades y objetivos.

- Facilitar el esfuerzo de consecución de los objetivos y verificar su grado de cumplimiento.

- Generar nuevos objetivos a medida que se van cubriendo las necesidades iniciales.

El docente debe conectar el proceso formativo con las expectativas y motivaciones del alumnado, proporcionando vivencias de éxito y reconociendo los logros.

1.2.2. Proceso de la conducta motivacional

Para comprender el proceso de la conducta motivacional en un alumno adulto, qué es lo que le lleva a emprender un proceso formativo y finalizarlo, es preciso responder a una serie de preguntas:

Pregunta	Respuesta
¿Dónde está su motivación?	El origen está en la percepción que posee de su entorno y de sí mismo, y de las capacidades que necesita adquirir para conseguir lo que desea, profesional o personalmente.
¿Qué tipos de motivación existen?	La motivación de una persona puede ser de dos tipos: Interna, o intrínseca, debida a factores propios: superación, necesidades, etc. Externa, o extrínseca, la que viene dada por el entorno: la mejora de la empleabilidad, un ascenso, mantenimiento de una certificación, actualización de conocimientos, etc.
¿Qué elementos la determinan?	Internos: • El valor de la actividad para cubrir unas necesidades concretas. • La propia capacidad para alcanzar los objetivos. • La comprobación continua de su evolución. Externos: • Los contenidos del curso. • La personalidad del formador. • El desarrollo del curso. • El ambiente de trabajo.
¿Qué señales de desmotivación nos envía el alumnado?	Impuntualidad. Posturas cerradas, que dificultan la comunicación. Falta de participación. Retrasos en la entrega de tareas.
¿Qué estrategias se deben poner en marcha?	Solicitar continuamente retroalimentación. Hacer seguimientos personalizados del alumnado. Tener en cuenta las expectativas de cada persona. Realizar acciones correctivas cuando la satisfacción del grupo es baja.

Para comprender cómo se activa la motivación, es necesario recurrir a algunas teorías que explican cómo funciona la motivación en el ser humano.

TEORÍA DE LAS NECESIDADES DE MASLOW

En 1943, el psicólogo Maslow postuló una teoría sobre la motivación humana. Esta teoría establece que la motivación consiste, básicamente, en cubrir necesidades de forma progresiva.

- **Necesidades fisiológicas:** son necesidades básicas, que se pueden cubrir con dinero: alimento, ropa y vivienda, básicamente.

- **Necesidad de seguridad:** provienen del deseo de autoprotegerse para no llegar a un estado en el que se esté privado de las necesidades básicas. Se refiere a la salud, al empleo y a los ingresos económicos.

- **Necesidad de pertenencia:** las personas, por naturaleza, deseamos pertenecer a un grupo cuyos miembros posean intereses comunes a los nuestros.

- **Necesidad de estima:** una persona necesita valorarse a sí misma y sentirse valorada. Una vez que pertenece a un grupo determinado, busca el respeto y la estimación de sus miembros.

- **Necesidad de autorrealización:** una vez satisfechas las necesidades anteriores, una persona desea desarrollar todo su potencial como persona y como profesional.

Las necesidades de una persona se clasifican en necesidades de orden inferior (fisiológicas y seguridad) y de orden superior (sociabilidad, reconocimiento y creatividad).

Las necesidades de orden inferior se cubren fácilmente con medios materiales, mientras que las de orden superior difícilmente se satisfacen por completo.

Las necesidades se presentan escalonadas, de forma que, salvo excepciones, no se busca la satisfacción de una de ellas sin haber satisfecho las de niveles inferiores.

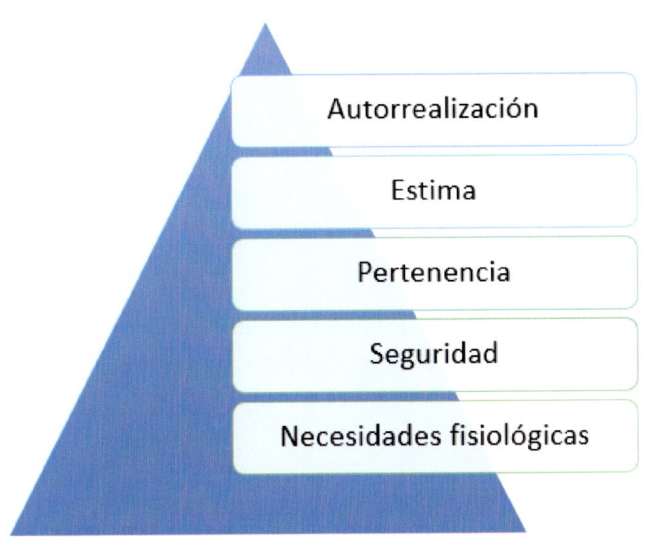

TEORÍA DE HERZBERG

El psicólogo Herzberg desarrolló una teoría que llamó la teoría de los dos factores: factores motivadores y factores mantenedores.

Herzberg determinó que los **cinco factores motivadores** son los siguientes:

- El **sentimiento de logro**: la satisfacción personal de finalizar una tarea, alcanzar un objetivo o resolver un problema.

- El **reconocimiento** por un trabajo bien hecho o por un esfuerzo especial. Este reconocimiento puede emanar del propio individuo, pero resulta más motivador cuando proviene de sus compañeros o del docente.

- El **trabajo** (la práctica, en el caso de un curso) en sí mismo tiene efectos positivos para la persona, cuando se pone en marcha la creatividad y supone un reto.

- La **responsabilidad**: el grado de control que se tiene sobre el proceso de formación.

- El **progreso**, debido a la variación de tareas, al intercambio de roles en un grupo, al liderazgo.

Los factores de **mantenimiento o higiénicos** no afectan directamente a la motivación. Si no son adecuados, repercuten de forma negativa en el rendimiento, pero no lo aumentan cuando se aplican correctamente. Son factores de mantenimiento, en el caso de un proceso de enseñanza-aprendizaje:

- El clima en el que se desarrolla el trabajo, que siempre debe ser cordial.

- Las relaciones que se establecen entre las personas que integran un grupo.

- Las normas que se deben aplicar en el desarrollo de la acción formativa.

- El respeto mutuo.

ACTIVIDAD:

Reflexiona acerca de cómo deberías actuar en el aula para que tus acciones se conviertan en factores motivadores según la teoría de Herzberg.

TEORÍA DE LA AUTOMOTIVACIÓN

Tradicionalmente, la responsabilidad de motivar un grupo formativo ha recaído sobre el docente. El alumnado jugaba un papel pasivo, esperando a que lo motivasen.

Sin embargo, el proceso se desarrolla de una forma mucho más fácil si el alumno adopta un rol activo, expresando sus necesidades y buscando la forma de satisfacerlas.

Según esta teoría, la labor del docente consiste en proporcionar el entorno adecuado para que el alumno se motive a sí mismo.

Los **motores** de la automotivación son:

- Las **necesidades**: una conducta es el resultado directo de una necesidad.

- Los **valores**. La escala de valores de una persona condiciona sus acciones a la hora de satisfacer una necesidad.

- Las **metas y objetivos**, es decir, lo que quiere obtener un adulto a través de la formación otorga un sentido al esfuerzo que debe realizar.

- Las **expectativas**: posibilidad de que una acción conduzca a unos resultados esperados. Esta suposición está condicionada por las experiencias anteriores del individuo y por su autoestima.

- El **significado** de las tareas, la utilidad de las mismas para uno mismo y para los demás.

- La implicación y el **compromiso** con su propia formación y la consecución de los objetivos.

1.2.3. Aplicación de estrategias para motivar al alumnado

Existen diferentes estrategias de motivación para movilizar la atención del alumnado.

CORRELACIÓN CON LA REALIDAD

Consiste en establecer la relación entre el contenido de aprendizaje (lo que se está enseñando) y la realidad o las experiencias del alumnado o el futuro desempeño.

Se lleva a cabo del siguiente **modo:**

* Contextualizar las explicaciones con hechos reales o datos concretos, relacionados con las competencias que se están desarrollando.

* Plantear actividades y prácticas similares a las que se desarrollarán en un entorno de trabajo.

TÉCNICA DEL ÉXITO INICIAL

El éxito en cualquier tarea es una buena fuente de motivación, por lo tanto, si comenzamos con un triunfo conseguiremos disminuir alguno de los miedos.

Los **pasos a seguir** son los siguientes:

* Planear pequeñas tareas de fácil ejecución para iniciar una actividad.

- Preparar bien al alumnado para ejecutarlas, facilitando las condiciones necesarias para el éxito.

TÉCNICA DEL FRACASO CON REHABILITACIÓN

Esta técnica tiene como objetivo crear en la conciencia del alumnado la necesidad de aprender determinadas reglas o normas con las que aún no está familiarizado.

Se pone en práctica ejecutando la siguiente **secuencia**:

1. Se presenta un problema o tarea que el alumno no puede solucionar. Al intentar resolverlo, sentirá que le hace falta algo para su resolución.
2. Este fracaso creará la necesidad de adquirir las habilidades necesarias para encontrar la salida al problema.
3. A continuación, el docente proporciona los elementos necesarios para realizar la tarea.
4. El alumno, ahora, ya puede resolver satisfactoriamente el problema. Es la rehabilitación después del fracaso inicial.

TÉCNICA DE TRABAJO CON OBJETIVOS REFORZADOS

- En primer lugar, se señalan los objetivos, metas concretas o resultados que el alumno ha de alcanzar.
- Insistir en la relación directa entre las normas que se deben seguir y los objetivos propuestos.
- Iniciar las actividades y supervisar su trabajo de cerca.
- Informar de los resultados que están obteniendo.
- Emitir una apreciación objetiva de los resultados obtenidos poniendo de relieve «las marcas» que se vayan superando.

REFUERZO DE LA MOTIVACIÓN Y PARTICIPACIÓN DEL ALUMNADO

La motivación puede reforzarse con incentivos o estímulos externos, de los cuales los más corrientes son los positivos: las alabanzas, los comentarios como «excelente», «muy bien»; gestos como sonrisas, los movimientos afirmativos de cabeza. Y los negativos: las represiones, los comentarios como «no exactamente», «vuelve a pensarlo», los gestos como fruncir el ceño, de duda, de enfado…

> Tan peligroso es abusar de los refuerzos (positivos o negativos) como no incluirlos en nuestro repertorio comunicativo.

En la siguiente tabla, se resumen algunos de los elementos que se pueden utilizar como motivadores:

Elemento	Aplicación didáctica
Variedad	Utilizar diferentes recursos didácticos. Variar las metodologías y adecuarlas a cada caso.
Estructuración del conocimiento	Presentar los contenidos de forma estructurada y jerarquizada, con gráficos, mapas, esquemas...
Motivación sobre la tarea	Explicar la finalidad de cada actividad.
Referencia práctica	Contextualizar el contenido a su aplicación a la realidad.
Situación relajada	Evitar los conflictos en el aula. Si se producen, extraer la enseñanza positiva de los mismos.
Ambiente	Condiciones cómodas en el aula: luz, temperatura, espacio, disposición de las sillas.
Humor	Utilizar anécdotas para romper la monotonía.
Conexión	Conectar los nuevos conceptos con conocimientos que ya tiene el alumnado.
Comunicación y cooperación	Establecer mecanismos de comunicación y colaboración.
Participación	Estimular la participación activa del grupo.

1.3. La comunicación y el proceso de aprendizaje

Según las tres primeras acepciones de la RAE, la *comunicación* (*Del lat. communicatio, -ōnis*) es:

1. f. Acción y efecto de comunicar o comunicarse.

2. f. Trato, correspondencia entre dos o más personas.

3. f. Transmisión de señales mediante un código común al emisor y al receptor.

La comunicación es la interacción entre una o varias personas cuya finalidad es el intercambio de información, buscando como resultado la comprensión del mensaje.

La comunicación es un proceso de intercambio de información que se produce entre dos o más personas. Una de ellas (emisor) emite la información hacia las demás (receptores) a través de un determinado canal, por el que circula el mensaje, utilizando un código comprensible por todas las personas que intervienen en el proceso.

El receptor debe asegurar la comprensión del mensaje enviando a través de la retroalimentación, es decir, transmitiendo información al receptor que le asegure su comprensión.

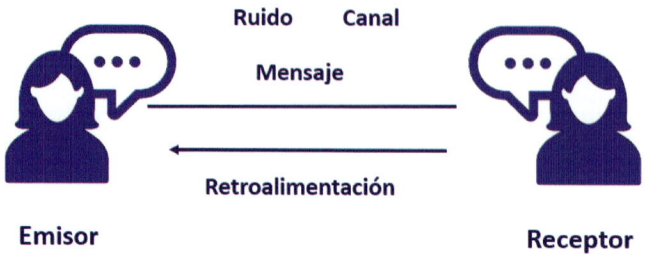

1.3.1. El proceso de comunicación didáctica: elementos

Los elementos del proceso de comunicación son los siguientes:

- **Emisor**: es la persona que produce el mensaje. Para que este sea lo más efectivo posible, se tendrán en consideración los siguientes aspectos:

  - **Credibilidad**: el receptor debe confiar en el emisor. Esta condición es indispensable para que la persona que recibe el mensaje lo acepte como verdadero. Para ello, hay que tener en cuenta factores como la personalidad del emisor, su experiencia, etc.

  - **Persuasión**: el emisor debe ser lo suficientemente convincente para que el receptor haga suyo el mensaje.

  - **Pertinencia**, es decir, la elección del momento en el que se expone la información.

  - **Código** adaptado al receptor.

- **Receptor** es la persona que capta el mensaje y, por tanto, la encargada de interpretarlo. Los papeles de emisor y receptor se van intercambiando a medida que avanza el proceso de comunicación. Para que la comunicación se lleve a cabo eficazmente, el receptor deberá tener una actitud previa de receptividad.

- **El mensaje**: es el conjunto de contenidos que se transmiten en el proceso de comunicación. Estos contenidos no solo incluyen palabras, sino que van acompañados de información contextual y emocional. Se puede afirmar que existen cuatro tipos de mensajes:

- Mensaje pensado o proyectado (emisor).

- Mensaje transmitido (emisor).

- Mensaje recibido (receptor).

- Mensaje interpretado (receptor).

En una comunicación eficaz, estos cuatro mensajes deberían ser idénticos, pero en la práctica es casi imposible, ya que parte de lainformación se pierde o se distorsiona.

Lo que se quiere decir (mensaje proyectado)

Lo que se dice (mensaje transmitido)

Lo que se comprende (mensaje recibido)

Lo que se retiene (mensaje interpretado)

- **Canal**: es el medio por el que se transmite el mensaje. La elección del canal de comunicación está determinada por el contenido del mensaje, el código que se utilice, los conocimientos del receptor y los objetivos del emisor.

  En el ámbito de la comunicación, la palabra *canal* tiene tres significados diferentes:

  - La forma de **codificar y decodificar** los mensajes: visual, auditivo, olfativo, kinestésico.

  - El **vehículo** del mensaje, o medio de comunicación: escrito, oral, gráfico...

  - El **medio de transporte**: correo electrónico, el aula presencial, el aula *online*...

- **Ruidos**: elementos que distorsionan la información, y obligan al receptor a relaborar el mensaje recibido para que tenga mayor coherencia.

La experiencia, los condicionamientos ambientales, éticos y morales determinan la capacidad para captar e interpretar mensajes.

- **Retroalimentación o *feedback*:** es la variable que va a medir la efectividad del proceso de comunicación. Si el receptor responde de forma adecuada, es que la comunicación ha sido eficaz. Es en este momento cuando el emisor pasa a receptor y viceversa.

> Es la herramienta que nos permite evaluar si se han cumplido los objetivos de la comunicación.

La actividad formativa es un proceso de comunicación en el que se pueden distinguir estos mismos elementos:

- **Emisor**= formador.

- **Receptor**= alumnado.

- **Mensaje**= contenido de aprendizaje.

- **Canal**= las explicaciones del formador con apoyo de diversos elementos (la voz, ilustraciones, etc.).

- **Retroalimentación**= emisiones del alumnado tras la recepción de información.

> Los papeles de emisor y receptor se irán intercambiando entre el docente y el alumnado, puesto que se trata de un proceso interactivo. El papel del alumno como emisor será más común en aquellas acciones formativas en las que se utilice metodología participativa.

ACTIVIDAD:

Explica la diferencia entre transmisión de la información y comunicación e ilustra cada proceso con al menos un ejemplo.

1.3.2. Tipos de comunicación: verbal, no verbal y escrita

La postura y los movimientos del cuerpo, los gestos, la mirada y la voz son elementos que juegan un papel primordial en la comunicación. La comunicación no verbal confirma o desmiente el mensaje que emitimos de una forma clara e inequívoca, a la vez que es un instrumento básico de retroalimentación.

La emisión de un mensaje consta de tres elementos:

- Las palabras (mensaje verbal).
- La voz (el tono, la velocidad...).
- El lenguaje no verbal (gestos, posturas, miradas...).

El impacto total del mensaje en el receptor se ilustra en la figura siguiente:

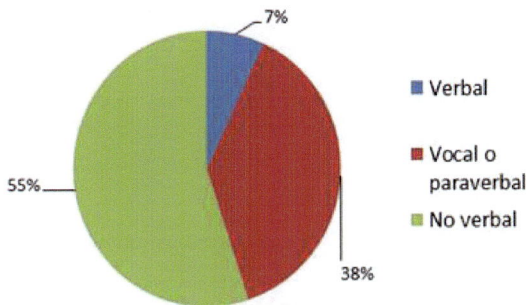

Al observar el gráfico, apreciamos que las palabras por sí mismas solo constituyen el 7 % del significado del mensaje. El 93 % restante está compuesto por voz, que influye en la forma de transmitir la información y las posturas y movimientos que acompañan al mensaje oral.

Si el tono de voz con que pronunciamos una frase, o los gestos que acompañan, desmienten el mensaje, el receptor dará más credibilidad a estos aspectos que a las palabras. Las palabras surgen de forma consciente, pero los otros elementos son más difíciles de controlar, y realmente revelan a nuestro interlocutor lo que queremos decir.

LA COMUNICACIÓN VERBAL

Las palabras son el vehículo del comportamiento verbal. La adecuación o no de las palabras que se utilizan en un momento dado vendrá determinada por los objetivos que se quieren alcanzar y las normas específicas de la situación.

Para garantizar una comunicación efectiva, es preciso que tanto el emisor como el receptor tengan un código común y que los contenidos sean presentados de forma explícita, es decir, de modo descriptivo y operativo.

COMUNICACIÓN VOCAL O PARAVERBAL

La voz es un proceso físico en el que intervienen diferentes partes del organismo (el diafragma, los pulmones...). La tensión de estos órganos y la mala respiración interferirán en la emisión y la calidad de la voz.

Los elementos que influyen en la voz son los siguientes:

La entonación

La entonación es el conjunto de variaciones de tono que se realizan al emitir un mensaje. Indica su finalización, enfatiza determinados contenidos, ayuda a diferenciar las preguntas de las afirmaciones, etc.

Consejo: Al hablar, debe evitarse el error de suprimir las variaciones y de caer en la monotonía, ya que es un exponente claro de falta de entusiasmo.

Cuando hacemos una pregunta, la frase comienza con una entonación alta, que desciende progresivamente hasta hacerse plana. *El final de la interrogación* se marca con una subida de la entonación.

Sin embargo, una exclamación se pronuncia de modo que primero se sube el tono y a continuación se baja bruscamente.

El volumen

El volumen debe adecuarse al tamaño del auditorio, a la sonoridad del espacio y al nivel de ruido ambiental.

Consejo: La voz se proyectará siempre hacia el receptor. Si el emisor habla de forma que sea oído cómodamente, transmite confianza y competencia, y será más fácil mantener la atención del receptor.

De forma natural, tendemos a subir y bajar el tono de voz en función de lo que estemos expresando. Además, existen determinadas partes del mensaje que deben enfatizarse con un tono de voz más alto, dando a entender, de esta forma, su importancia.

- Las frases introductorias se pronuncian en un tono más alto del habitual. Es una de las señales clave para captar la atención.

- El volumen también se sube para hacer énfasis en puntos importantes del mensaje.

- El final del mensaje debe emitirse de forma resuelta, con volumen suficiente.

La dicción o pronunciación

Consiste en la articulación clara y correcta de las sílabas de las palabras que se utilizan. Normalmente, se asocia una dicción clara con la confianza en lo que se está transmitiendo. Las causas más frecuente de fallos en la dicción son:

- Abrir poco la boca para hablar.
- Hablar muy alto.
- Hablar con un tono de voz muy bajo.
- Taparse la boca con la mano, involuntariamente. Además, este gesto suele denotar una total falta de confianza.

> La causa de muchos problemas de dicción es que se habla muy bajo. Si se sube un poco el tono de voz, se corrigen notablemente estos defectos.

La velocidad

La velocidad a la que se emite un mensaje es clave para facilitar su comprensión.

> Una persona es capaz de escuchar y comprender a una velocidad de 275 a 300 palabras por minuto, pero la velocidad adecuada de hablar oscila entre 150 y 175 palabras cada minuto.

- Una velocidad excesiva requiere un esfuerzo elevado por parte del receptor para captar las ideas y provoca cansancio.
- Una velocidad de habla demasiado lenta tampoco es recomendable, ya que puede causar aburrimiento y da la impresión de una falta de dominio del tema.

> **ACTIVIDAD:**
> Escoge un texto, por ejemplo, una noticia del diario y léelo como si estuvieras:
> - Narrando un partido de baloncesto.
> - Triste.
> - Con nerviosismo.
> - Muy alegre.
> - Con enfado.
> El mensaje es el mismo, pero… ¿se entiende siempre igual?

Las pausas, los silencios

La utilización de silencios cortos cumple una función muy importante para facilitar la comprensión del mensaje.

- Si marcan el final de una frase, apartado o palabra permiten comprobar la reacción que se ha provocado en el interlocutor.

- Dan tiempo para relajarse, respirar con tranquilidad y concentrarse.
- Enfatizan las ideas que se acaban de expresar.
- Permiten que, tanto el receptor como el emisor, centren la atención en el siguiente mensaje.
- Proporcionan tiempo al interlocutor para aceptar el mensaje que acaba de recibir y reflexionar sobre él.

La fluidez

La fluidez en el habla es uno de los factores que sirven para calificar a una persona como buena comunicadora. La falta de la misma se suele interpretar como falta de confianza y conocimiento del tema, y reduce la percepción y comprensión del mensaje.

Algunos de los elementos que afectan negativamente a la soltura con la que se realiza una exposición son los siguientes:

- Silencios muy prolongados.
- Pausas fuera de contexto.
- Correcciones en las frases, repetición de palabras y tartamudeos.
- Defectos en la pronunciación.

El exceso de perturbaciones del habla, siempre que no estén originadas por un problema físico, indican ansiedad o falta de dominio del tema.

ACTIVIDAD:

Para mejorar tu fluidez, practica pronunciando palabras difíciles y trabalenguas:

Apocalíptico, Pasteurización, Circunspecto, Metodológico, Enladrilladura, Frustratorio, Consenso, Paralelepípedos, Otorrinolaringólogo, Esparadrapo, Tres tristes tigres, Electroencefalografista, Idiosincrasia, Desoxirribonucleico, Ovovivíparo.

LA COMUNICACIÓN NO VERBAL

Tal como hemos señalado en el apartado anterior, la comunicación no verbal, también conocida como metalenguaje, constituye el 55 % de la totalidad de un mensaje.

Aunque es imposible hacer un «diccionario de comunicación no verbal», sí se pueden establecer relaciones entre diferentes gestos y su significado.

Esta interpretación debe hacerse de forma global y dentro del contexto en el que se elabora el mensaje.

> Es importante tener en cuenta que estas relaciones varían de una cultura a otra. Japón y los países árabes interpretan los signos no verbales de forma totalmente diferente a los occidentales.

A continuación veremos algunos de los mensajes que transmitimos con nuestra mirada, nuestros gestos y nuestras posiciones.

La mirada

Cuando hablamos con otra persona existe un intercambio de miradas. La mirada actúa como canal receptor, porque a través de ella se percibe la mayor parte de los mensajes no verbales que nos envía el inter- 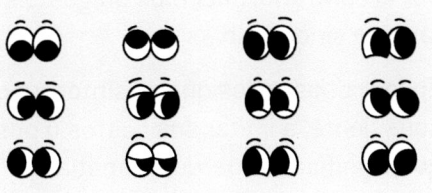 locutor. Pero, además, con la mirada se envían señales con diferentes significados (mirar directamente, hacia abajo...).

La mirada es uno de los elementos del lenguaje no verbal más difícil de controlar. Por esta razón, nos da muchas indicaciones acerca de las reacciones de nuestro interlocutor respecto al mensaje que le enviamos.

Consejo: Mira con todo el cuerpo. Dirige tu cara y expón tu torso hacia el público.

En la siguiente tabla se recogen los significados de algunos de los mensajes visuales más claros y frecuentes. Estos gestos no deben interpretarse de forma individual, sino siempre dentro de un contexto.

Número de veces que miran	Interés por lo que se transmite
Mirada directa	Identificación con la persona emisora. Dominio de la situación. Sinceridad.
Mirada baja	Inferioridad. Vergüenza, falta de seguridad.
Mirada constante	Dominio de la situación.
Ausencia de mirada	Falta de interés, desmotivación.

Las cejas

Las diferentes expresiones que se adoptan con las cejas también tienen un significado muy claro para nuestro interlocutor:

Levantamiento de una sola ceja	Levantamiento de cejas	Ceño fruncido
Duda, escepticismo, falta de sinceridad.	Asombro, sorpresa.	Recelo, sospecha.

Gestos y posiciones

Los gestos que hacemos al hablar confirman o desmienten nuestros mensajes verbales.

Cuando un gesto es muy breve, tiene muchas probabilidades de ser sincero. Si por el contrario, hacemos un gesto estudiado, durará más tiempo y denotará falta de sinceridad.

En los casos en los que se sintoniza con el interlocutor, se tiende, de forma inconsciente, a imitar sus gestos y posturas. De este modo, se emiten señales que significan acuerdo, simpatía...

- **Las manos y los brazos**: la posición que se adopta con los brazos es un signo muy elocuente de nuestra actitud hacia el interlocutor. Así, si se cruzan los brazos sobre el pecho, estaremos mostrando una disposición cerrada. Por el contrario, los brazos semiextendidos indican una clara predisposición a la comprensión y al diálogo.

Figura 1.4. Postura abierta.

- **La posición de las piernas:** la postura de las piernas es otro de los indicativos de la personalidad del emisor y del receptor, y de su actitud hacia el mensaje que emite o recibe. Al igual que los brazos, las piernas cruzadas suelen ser el síntoma de una actitud cerrada hacia el mensaje.

GESTOS QUE DEBEMOS EVITAR		
De pie	**Sentado**	**En cualquier caso**
Meter las manos en los bolsillos.	Apoyar la cabeza en una mano.	Tapar la boca con la mano.
Poner las manos en las caderas.	No mostrar las manos.	Llevar repetidamente las manos a la cabeza.
Realizar movimientos repetitivos (balancearse, por ejemplo.	Cruzar los brazos o los pies.	Mirar el reloj.
«Esconderse» detrás de una mesa o una silla.	Moverse en la silla.	No dirigir la mirada a los alumnos.
Cruzar los brazos.		Mostrar las cejas continuamente levantadas o el ceño fruncido.
No moverse.		No sonreír.
No respetar el espacio personal del resto.		

ACTIVIDAD:

Elabora tu propio diccionario acerca del significado de diferentes gestos, posiciones, la mirada… Puedes tomar como base el libro *La comunicación no verbal,* de Flora Davis, además de buscar información a través de internet. Te recomendamos que le eches un vistazo a los vídeos relacionados con el tema de Teresa Baró y Elsa Punset.

1.3.3. Interferencias y barreras en la comunicación. La retroalimentación

Comunicar bien no es un proceso sencillo. En ocasiones, surgen obstáculos en alguno de los componentes del proceso de comunicación. Estas dificultades, o barreras, afectan tanto a la comunicación verbal como a la no verbal (gestos, miradas, etc.).

BARRERAS DEL EMISOR

Algunas de las «barreras» que el propio emisor construye y dificultan el proceso son las siguientes:

Defectos en la expresión

Los defectos en la expresión (ceceo, muletillas…), hacen que el receptor preste más atención al defecto que al propio mensaje.

Actitudes

Las actitudes del emisor hacia sí mismo, hacia el tema que está tratando o hacia el receptor determinan el proceso de comunicación. Si estas actitudes son negativas, el receptor tenderá a adoptar una posición defensiva, que dificulta la recepción del mensaje.

- **Actitudes hacia sí mismo.** Si una persona tiene una imagen negativa de sí misma, su inseguridad se transmite a los demás de diferentes formas: en el tono de voz, que indica falta de confianza; a través de gestos negativos (comunicación no verbal); en la formulación de las frases... De este modo, no se ejercerá ninguna persuasión sobre el receptor.

Una persona insegura tenderá a buscar una protección: cruzar los brazos, ocultarse tras la mesa... Su tono de voz será o bien bajo, o bien agresivo. Estos factores contribuyen a que el receptor se forme una imagen negativa del emisor, que restará credibilidad al mensaje.

- **Actitudes hacia el mensaje**. Para conseguir una comunicación efectiva, es imprescindible creer en lo que se está diciendo, en el valor de lo que se intenta transmitir. Así, si hablamos acerca de metodologías activas pero, realmente, dudamos de su eficacia, no seremos capaces de hacerlas atractivas para el alumnado.

- **Actitudes hacia el receptor**. Generalmente, el emisor se forma una imagen, positiva o negativa, acerca del receptor. Esta imagen influye en la forma de transmitir el mensaje y determina actitudes de rechazo o apoyo.

BARRERAS DEL RECEPTOR

El receptor interpreta el mensaje en función de sus conocimientos previos, su experiencia, expectativas y los sentimientos que despierta en él. Algunas de las barreras que el receptor levanta en el proceso de comunicación son las siguientes:

- **Deducciones o inferencias**: es frecuente que el receptor mezcle los hechos observados con sus propias deducciones, y confunda lo real con la imagen que ha construido en su cabeza.

- **Tendencia a evaluar**: la tendencia natural de las personas suele ser de efectuar juicios de valor: evaluar, aprobar o rechazar lo que emisor dice de una forma totalmente subjetiva.

- **Disonancia**: cuando la realidad y las expectativas que se ha creado el receptor no coinciden, este reformula el mensaje, intentando disminuir la diferencia entre lo real y lo esperado de varias formas:

- Negando la veracidad.
- Restando importancia al asunto.
- Evitando todo tipo de información que confirme esta discrepancia.

- **Tensión emocional:** el receptor está tan concentrado en su respuesta, que no presta atención a lo que dice el interlocutor.
- **Defensas psicológicas:** estas defensas evitan la confusión y la desorientación cuando la información recibida no coincide con las propias expectativas. Las defensas psicológicas facilitan la compresión inicial del mensaje, pero de forma superficial.
- **Malos hábitos de comunicación:**
  - **Estereotipos:** clichés de pensamiento referidos a características de una persona por su pertenencia a un determinado grupo profesional, de edad, social, etc. Los estereotipos actúan en el receptor como una actitud a interpretar mensajes de acuerdo a unos criterios previos.
  - **Efecto halo:** tendencia a juzgar un rasgo específico o hecho concreto en función de una impresión general favorable o desfavorable que le haya producido el emisor.
  - **Proyección:** los receptores tienden a atribuir al emisor características propias. De este modo, ante una situación determinada, creerán que el emisor dice aquello que ellos mismos querrían expresar.

LA RETROALIMENTACIÓN

La retroalimentación o *feedback* es la herramienta que permite evaluar si se han conseguido los objetivos de la comunicación.

Informa al emisor sobre la calidad de su comunicación y sobre cómo ha sido comprendido el mensaje. Ayuda a detectar errores en el proceso y corregirlos en función de las señales que emite el receptor.

Los **comportamientos** que facilitan la retroalimentación son los siguientes:

- Preguntar.
- Pedir opiniones.
- Reformular el mensaje o pedir que el receptor lo reformule.
- Solicitar un resumen de las consecuencias del mensaje que se ha transmitido.
- Evitar discusiones ante opiniones desfavorables.
- Analizar la importancia de las informaciones recibidas.

La retroalimentación se puede realizar de forma verbal, escrita o gestual.

Retroalimentación verbal	Del **docente al alumnado**. Para que realmente sea útil debe ser: • Positiva. • Oportuna. • Específica. • Orientada al presente y al futuro. Del **alumnado al docente**. Se suele producir en forma de preguntas, matizaciones, etc.
Retroalimentación escrita	Consiste principalmente en la **respuesta** dada por el docente a las prácticas o ejercicios escritos realizados por el alumno. En el caso de la formación virtual, este tipo de retroalimentación es la más habitual y se utiliza para resolver dudas, proponer y moderar debates, corregir prácticas, etc.
Retroalimentación no verbal	Es la que se manifiesta a través de los gestos que el receptor realiza, de forma consciente o inconsciente, cuando está recibiendo el mensaje.

1.3.4. La escucha activa

«El esfuerzo físico y mental de querer captar con atención la totalidad del mensaje que se emite, tratando de interpretar el significado correcto del mismo, a través del comunicado verbal y no verbal que realiza el emisor e indicándole mediante la retroalimentación lo que creemos que hemos entendido». *Van-Der Hofstandt*

La escucha activa demuestra a la otra persona que se ha comprendido el mensaje. El acto de escuchar activamente permite alcanzar tres objetivos básicos:

- **Interpretar** el mensaje recibido y emitir una respuesta que confirme que ha sido interpretado correctamente.

- **Comprender** las necesidades y emociones de las personas que intervienen en la conversación.

- **Participar** en la conversación de forma equilibrada.

Para escuchar activamente, se utiliza una serie de estrategias muy sencillas:

- Prepararse para escuchar, haciendo ver al interlocutor su disposición a seguir la conversación con interés.

- **Dejar de hablar.** No es posible escuchar mientras se habla.

- Utilizar e interpretar adecuadamente el **lenguaje no verbal**:
  - Mirar hacia las personas con las que se habla.
  - Facilitar la comunicación adoptando posturas abiertas.
  - Asentir con la cabeza, dar muestras de comprensión.
  - Sonreír.
  - Prestar atención al lenguaje no verbal del interlocutor: sus gestos, posturas, tono de voz, velocidad.

- Evitar las **distracciones y las interrupciones**, manteniendo la atención en la conversación.

- **Parafrasear,** o decir con palabras propias lo que la otra persona ha transmitido.

- **Resumir,** informando de este modo acerca de nuestro grado de comprensión o la necesidad de más información.

- **Preguntar,** para aclarar los puntos que no han quedado suficientemente resueltos.

- Evitar emitir **juicios de valor** acerca de lo que la otra persona está expresando.

- Utilizar la empatía, poniéndose en la «piel» de la otra persona con el fin de ser capaz de captar sus emociones.

- Expresar con respeto los puntos de vista propios cuando no se está de acuerdo con la otra persona. Es decir, practicar la **asertividad**.

En la siguiente tabla se recogen algunas señales verbales y no verbales de la escucha activa.

Señales verbales	Señales no verbales
Sonidos afirmativos. Parafrasear. Pedir más información. Preguntar. Resumir.	Proximidad física. Contacto visual. Postura relajada y orientada hacia el interlocutor. Gestos de asentimiento.

1.3.5. La comunicación escrita

El material escrito debe ser algo más que una presentación atractiva de contenidos. Tiene que servir para organizar el trabajo en el aula, orientar al alumnado y anticiparse a las posibles dificultades en el aprendizaje.

En la comunicación escrita no hay interacción, el *feedback* desaparece. Por ese motivo debe ponerse especial cuidado en la redacción. Sus ventajas son:

- Permite conservar la información durante largo tiempo.

- Posibilita la realización de análisis exhaustivos con posterioridad.

- Reduce el riesgo de distorsión en la recepción del mensaje.

- Facilita la comprensión a través de la introducción de recursos gráficos, tablas.

> «Cuando algo se puede leer sin esfuerzo, significa que se ha hecho un gran esfuerzo al escribirlo». *Enrique Jardiel Poncela*

NORMAS DE REDACCIÓN

Redactar implica dar una orden y una estructura a un texto escrito. Para que el contenido del mensaje llegue correctamente a las personas destinatarias sin que se pierda o se confunda su significado, es necesario que esté correctamente redactado. Una buena redacción no solo hace referencia a la ortografía o a la construcción de oraciones. Un mensaje bien redactado es el que, además, se adapta al **receptor**, al **tipo de contenidos** que transmite y al **contexto**.

Antes de empezar a redactar, conviene responder a las siguientes **preguntas**:

- ¿A quién va dirigido?

- ¿Qué sabe sobre el tema?

- ¿Cuáles son sus intereses o preocupaciones?

- ¿Cuál es el objetivo de la comunicación?

Las **normas básicas** para lograr una buena redacción son:

- Estructurar el mensaje en frases y párrafos cortos.

- Eliminar palabras que no aportan significado al mensaje.

- Construir frases de forma sencilla: **sujeto** + **verbo** + **predicado**.

- Colocar la información relevante al principio de la frase.

- Utilizar lenguaje positivo.

- Evitar las construcciones pasivas.

- Prescindir de muletillas.

- Utilizar palabras concretas en vez de términos abstractos.

- Explicar siempre las palabras técnicas.

- Recurrir a **comodines** solo cuando sea necesario.

Consejo: ¿Conoces la página web de la **Fundación del Español Urgente**? Constituye un recurso muy interesante para resolver dudas que surjan al escribir.

1.3.6. Factores determinantes de la efectividad de la comunicación en el proceso de enseñanza-aprendizaje

En los puntos anteriores ya hemos hecho referencia a cómo debe comunicarse el docente en el proceso de enseñanza-aprendizaje. A continuación mostramos un breve resumen de lo que hemos explicado.

LOS DOCE MANDAMIENTOS DEL LENGUAJE VERBAL

1. Planificar el discurso.

2. Brevedad en la exposición de ideas.

3. Jerarquizar las ideas, evolucionando de lo sencillo a lo complejo y de lo concreto a lo abstracto.

4. Claridad y sencillez, evitando el uso de tecnicismos y adaptando el mensaje al alumnado.

5. Utilizar la entonación y el ritmo de la voz para llamar la atención hacia un punto determinado, remarcar conceptos…

6. Hablar de forma pausada.

7. Evitar fallos en la dicción.

8. Utilizar correctamente los silencios.

9. Evitar el uso de muletillas y comodines.

10. Utilizar las frases directas y afirmativas. Evitar el uso del lenguaje pasivo.

11. Creer lo que se está contando.

12. Corrección gramatical.

LOS DIEZ MANDAMIENTOS DEL LENGUAJE NO VERBAL

1. Adoptar posturas positivas (abiertas).

2. Respetar la distancia que marque el interlocutor, evitando la invasión de su espacio personal.

3. Mantener la cabeza en posición neutra o ligeramente ladeada, nunca echada hacia atrás.

4. Mostrar las palmas de las manos al hablar.

5. Si se señala algo o a alguien, se hará con la palma de la mano hacia arriba.

6. Evitar cubrirse la mano con la boca al hablar, demuestra falta de seguridad, exageración o mentira.

7. Evitar llevar la mano a la cabeza, excepto cuando se exprese interés.

8. Responder a las posturas cerradas con posturas abiertas.

9. Evitar hablar con las manos en los bolsillos.

10. Observar y analizar el lenguaje corporal de los demás, para ser conscientes del nuestro.

1.3.7. La comunicación a través de las tecnologías de la información: sincrónica y asincrónica

La comunicación en los entornos virtuales de formación tiene la ventaja de combinar algunos aspectos positivos de la comunicación presencial (sincrónica: en tiempo real y con la presencia de los interlocutores) y de la comunicación a distancia (asíncrona: sin la presencia al mismo tiempo de los interlocutores).

Herramientas sincrónicas	Herramientas asincrónicas
Chat.	Foros de debate.
Videoconferencia.	Correo electrónico.
Audioconferencia.	Tablón de anuncios.
Pizarra electrónica.	Preguntas frecuentes.
Aplicaciones colaborativas.	Glosario.
Escritorio compartido.	

HERRAMIENTAS ASÍNCRONAS

La comunicación asíncrona es la que tiene lugar en momentos distintos. No hay simultaneidad temporal; desde que una persona envía un mensaje hasta que recibe una respuesta pasa un tiempo determinado.

Algunas de las herramientas que se pueden utilizar para comunicarse de forma asíncrona a través de un centro virtual de formación son:

Foros

Servicio de intercambio público de mensajes entre los participantes del curso y del tutor. Normalmente, es este quien determina el contenido de los debates, centrados habitualmente en la temática del curso.

En un curso puede haber uno o varios foros, dependiendo de la extensión del mismo, la variedad de temáticas que se van a tratar, etc.

Correo electrónico

Servicio de intercambio privado de mensajes. Puede ser de dos tipos: de uso limitado a la plataforma o compatible con otros servidores de correo externos. Suele incluir información sobre los mensajes como el nombre del remitente, el asunto, la fecha y la hora en que se envió o la importancia del asunto.

Tablón de noticias

Es un espacio desde el que las personas responsables del curso, y en ocasiones también el alumnado, anuncian al resto de los participantes eventos relevantes para el desarrollo del curso: fechas de entrega de trabajos, conferencias, planificación de los chats...

Preguntas frecuentes

La práctica y la experiencia hacen que muchas veces los tutores anticipen cuáles son las preguntas y dudas más frecuentes que se plantean en un curso determinado. De esta forma, se recogen en un espacio de la plataforma accesible por el alumnado a lo largo de todo el curso, que puede ir completándose mientras transcurre la acción formativa. Así, el alumno puede consultar determinadas dudas sin necesidad de recurrir al formador, y este evita responder, una y otra vez, las mismas cuestiones.

Glosario

Este recurso puede utilizarse como un mero diccionario o como un medio de comunicación asíncrona más e incluso como una actividad que se puede desarrollar a lo largo del curso. Es posible ir incluyendo nuevos términos que van apareciendo e, incluso, el propio alumno (bajo supervisión del formador), tiene la posibilidad de añadir nuevas entradas. Así, se convierte en un instrumento rápido de consulta para recordar los conceptos que se están estudiando en el curso.

HERRAMIENTAS SÍNCRONAS

La comunicación síncrona es aquella que se produce en tiempo real. Cuando un participante envía un mensaje, el resto de personas que están en la conversación lo reciben al momento y pueden responder de forma inmediata.

Para llevar a cabo este tipo de comunicación, las plataformas de formación incluyen determinadas herramientas.

Chat

Se trata de un intercambio de mensajes escritos en tiempo real y que pueden ver todas las personas que estén conectadas en ese momento. Es una herramienta muy útil en debates y trabajos colaborativos.

Pizarra electrónica

Es una herramienta gráfica de trabajo en grupo que permite que todos los mensajes, gráficos, dibujos, etc., que se realicen en la pizarra puedan ser visualizados en tiempo real por todos los alumnos.

Videoconferencia

Es una herramienta multimedia que ofrece la posibilidad de ver y oír a otros usuarios a través del ordenador, *tablet* o móvil. Es muy útil cuando permite la posibilidad de interacción entre todos los actores, no cuando el alumno interviene meramente como espectador.

Audioconferencia

Herramienta de trabajo en grupo que permite conectar de forma simultánea a varias personas a través de sistemas de voz.

Aplicaciones colaborativas

Permiten que varios usuarios trabajen sobre el mismo documento. Son un instrumento muy útil para realizar trabajos en grupo.

Escritorio compartido

Facilita que el formador muestre su propio escritorio, de forma que el alumnado puede ver las acciones que realiza en el mismo.

> **ACTIVIDAD:**
>
> ¿Qué herramientas de videoconferencia conoces?
> ¿Utilizas alguna herramienta que te permita compartir tu escritorio?

OTRAS HERRAMIENTAS DE COMUNICACIÓN

Las herramientas que hemos mencionado están integradas en la propia plataforma de teleformación. Sin embargo, hoy en día es posible utilizar muchas otras aplicaciones que nos ofrece internet para mejorar la comunicación entre el alumnado y el profesorado.

- Chat y multiconferencia, como Skype, Teams, Zoom, etc.

- Herramientas de control remoto, que permiten que el docente pueda trabajar directamente en el ordenador del alumno desde el suyo propio. Una de las más utilizadas es TeamViewer. Si no la conoces, es recomendable que investigues acerca de ella.

- Blog, ya sea creado de forma individual o colaborativa.

> **ACTIVIDAD:**
>
> La mayor parte de las herramientas de comunicación empresarial se pueden aplicar a la formación virtual, estén o no integradas en una plataforma. Lee el siguiente artículo e investiga acerca de las posibles aplicaciones de las que se nombran y no conozcas: «4 herramientas de comunicación imprescindibles para mejorar la comunicación»:
>
> https://asana.com/es/resources/team-communication-tools

CONSEJOS PARA SELECCIONAR LAS HERRAMIENTAS DE COMUNICACIÓN EN UN CURSO VIRTUAL

Las claves que se deben tener en cuenta para elegir las herramientas más adecuadas para cada curso son:

- La disponibilidad de las mismas por parte del alumnado, teniendo en cuenta tanto su facilidad de uso como su compatibilidad con diferentes sistemas operativos y dispositivos móviles.

- El manejo de la tecnología por parte del grupo destinatario.

- Los objetivos formativos. La calidad del curso no se incrementa porque el número de herramientas sea mayor, sino porque estas se adecúen a las competencias que se deben adquirir.

- Número de usuarios que soportan de forma simultánea.

ACTIVIDAD:

¿Has realizado algún curso *online*? ¿Qué herramientas de comunicación se utilizaron y cómo? ¿Resultaron eficaces?

IDEAS CLAVE TEMA 1

- Una acción formativa, ya sea presencial o virtual, se desarrolla en equipo; todos los roles que intervienen en el mismo juegan un papel esencial en su éxito (docencia, tutorización, administración, etc.).

- El aprendizaje adulto tiene una serie de características propias; algunas favorecen el aprendizaje (necesidad, experiencia...) mientras que otras pueden dificultarlo (resistencia al cambio, miedo a la frustración).

- Las personas tenemos diferentes formas de aprender y distintos estilos de aprendizaje. Atender esta diversidad en el aula es clave para conseguir que todas las personas participantes alcancen los objetivos.

- La motivación es el motor que nos hace avanzar hacia una meta. Trabajar los factores que la movilizan contribuirá a mejorar el aprendizaje.

- Dominar y aplicar las claves de la comunicación eficaz en el proceso de enseñanza-aprendizaje es imprescindible para conseguir transmitir, motivar y crear un buen ambiente de trabajo en el aula.

MAPA CONCEPTUAL

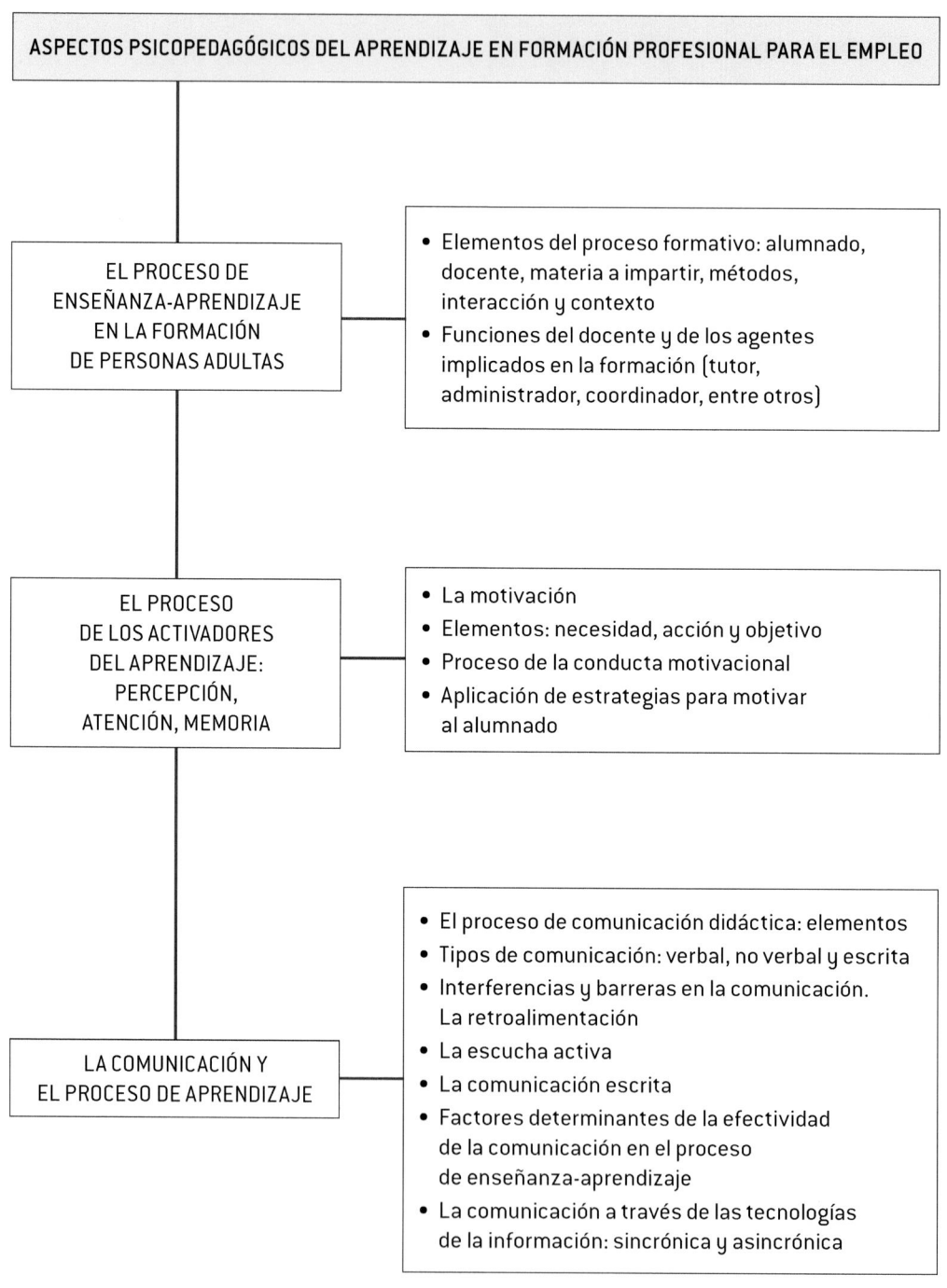

ASPECTOS PSICOPEDAGÓGICOS DEL APRENDIZAJE EN FORMACIÓN PROFESIONAL PARA EL EMPLEO

EL PROCESO DE ENSEÑANZA-APRENDIZAJE EN LA FORMACIÓN DE PERSONAS ADULTAS

- Elementos del proceso formativo: alumnado, docente, materia a impartir, métodos, interacción y contexto
- Funciones del docente y de los agentes implicados en la formación (tutor, administrador, coordinador, entre otros)

EL PROCESO DE LOS ACTIVADORES DEL APRENDIZAJE: PERCEPCIÓN, ATENCIÓN, MEMORIA

- La motivación
- Elementos: necesidad, acción y objetivo
- Proceso de la conducta motivacional
- Aplicación de estrategias para motivar al alumnado

LA COMUNICACIÓN Y EL PROCESO DE APRENDIZAJE

- El proceso de comunicación didáctica: elementos
- Tipos de comunicación: verbal, no verbal y escrita
- Interferencias y barreras en la comunicación. La retroalimentación
- La escucha activa
- La comunicación escrita
- Factores determinantes de la efectividad de la comunicación en el proceso de enseñanza-aprendizaje
- La comunicación a través de las tecnologías de la información: sincrónica y asincrónica

AUTOEVALUACIÓN

1.1. Identifica los elementos clave del aprendizaje (respuesta múltiple):

a) Produce un cambio.

b) Es el resultado de la experiencia.

c) Es relativamente permanente.

d) Crea las posibilidades para su construcción.

1.2. Completa la definición de competencia:

Una competencia es el conjunto de _____[a]_____ —saber—, habilidades —_____[b]_____— y actitudes —_____[c]_____— que se movilizan para llevar a cabo una tarea.

1.3. ¿Quién se encarga, por lo general, de realizar la evaluación formativa y sumativa del alumnado?

a) Coordinación.

b) Administración.

c) Supervisión.

d) Docente.

1.4. En *e-learning*, ¿qué tareas son propias de la labor de dinamización en un curso? (Respuesta múltiple):

a) Responder a las dudas del alumnado.

b) Plantear actividades de evaluación relacionadas con los objetivos.

c) Estructurar los contenidos

d) Proponer actividades de trabajo en grupo.

1.5. Relaciona las siguientes características del aprendizaje adulto con la frase que mejor las defina:

a	Responsabilidad	1	Necesita comprobar la utilidad de su aprendizaje.
b	Motivación	2	El aprendizaje suele estar dirigido en resolver alguna situación.
c	Verificación	3	Acostumbra a tomar decisiones.
d	Solución de problemas	4	Se moviliza cuando se tienen claras las finalidades del aprendizaje.

1.6. **¿A qué tipo de aprendizaje corresponde la siguiente definición?**

«Se basa en las experiencias y conocimientos previos, que conecta con los nuevos conceptos para construir el conocimiento. Se produce cuando una persona es capaz de conectar nuevos conceptos con los que ya posee, de forma que se produce una evolución de lógica del conocimiento».

a) Significativo.

b) Mecánico.

c) Kinestésico.

d) Pragmático.

1.7. **En la pirámide de Maslow, ¿cuál es el último nivel de necesidad?**

a) Seguridad.

b) Pertenencia.

c) Estima.

d) Autorrealización.

1.8. **Las personas que primero observan y luego actúan tienen un estilo de aprendizaje:**

a) Pragmático.

b) Reflexivo.

c) Activo

d) Divergente.

1.9. **Identifica la siguiente técnica de motivación:**

«Se presenta un problema o tarea que la persona no puede solucionar. Al intentar resolverlo, sentirá que le hace falta algo para su resolución».

a) Técnica del fracaso con rehabilitación.

b) Técnica del éxito inicial.

c) Técnica del trabajo con objetivos reforzados.

d) Técnica de correlación con la realidad.

1. 10. Identifica cuáles de las siguientes afirmaciones acerca de la comunicación son verdaderas (respuesta múltiple):

a) Para facilitar la comunicación, se debe responder a posturas abiertas con posturas cerradas.

b) La técnica del parafraseo consiste en resumir lo que nos han dicho con nuestras propias palabras.

c) Para mejorar la escucha activa, debemos juzgar lo que ha dicho la otra persona para que conozca nuestra opinión.

d) La causa de muchos problemas de dicción es que se habla muy bajo. Si se sube un poco el tono de voz, se corrigen notablemente estos defectos.

1.11. ¿Cuáles son los elementos del proceso de comunicación?

a) Emisor, receptor y contexto.

b) Emisor, receptor y canal.

c) Emisor, receptor, mensaje, canal, ruido y retroalimentación.

d) Emisor, receptor, mensaje, canal y *feedback*.

2. Dinamización del aprendizaje en el grupo según modalidad de impartición

Contenido

Objetivos

Objetivo general

Diseñar técnicas de dinamización grupal que tengan en cuenta las características del aprendizaje grupal, el momento de desarrollo de grupos y la tipología del alumnado.

Objetivos operativos

- Explicar las características del aprendizaje grupal.

- Clasificar los grupos desde diversos puntos de vista.

- Describir las fases del desarrollo grupal, identificando el papel docente en cada una de ellas.

- Diseñar diferentes actividades mediante dinámicas de dinamización grupal.

- Explicar cuál es el papel docente en la coordinación y moderación de un grupo.

- Relacionar las posibles respuestas del alumnado con las respuestas que tiene que dar el docente para reforzar algunos roles o reconducir otros.

- Explicar cuáles son las fases de resolución de conflictos y cuál es el papel docente en cada una de ellas.

Un grupo está formado por un conjunto de personas que se unen y establecen una serie de relaciones e influencias entre sí, que dirigen sus acciones a la consecución de un objetivo común.

El docente tiene que conocer cómo funciona un grupo y las características de su comportamiento, con la finalidad de garantizar, al menos en parte, el éxito del proceso de enseñanza-aprendizaje.

Una acción formativa y, sobre todo, las estrategias que se van a aplicar en el desarrollo de la formación deberían diseñarse teniendo en cuenta cómo es el grupo al que van dirigidas. Sin embargo, no siempre es posible tener una definición concreta de las personas destinatarias antes del inicio de la formación, por lo que el docente debe ser capaz de adaptarse a los diferentes tipos de grupos con los que se puede encontrar y enfrentarse a los inevitables conflictos que aparecen en prácticamente todos ellos.

La dinamización del aprendizaje en un grupo depende de diversos factores, que se deben tener en cuenta para conseguir que los objetivos se alcancen y el proceso de enseñanza-aprendizaje transcurra en el mejor ambiente posible.

Algunos de estos factores son:

- Modalidad de impartición: presencial, *online.*

- Tipo de grupo.

- Objetivos y contenidos.

El aprendizaje en grupo tiene una serie de características propias, que necesitamos conocer para maximizar la eficiencia del aprendizaje.

2.1. Características distintivas del aprendizaje en grupo

2.1.1. Definición de grupo

> Un grupo de aprendizaje es un conjunto de personas que se unen con intención de aprender y desarrollarse para alcanzar una meta común.

Un grupo de aprendizaje tiene las siguientes características:

1. Una **meta común**, que se alcanza a través de la participación.

2. Una **motivación**, dirigida a satisfacer necesidades colectivas e individuales.

3. **Apoyo** entre los diferentes miembros.

4. Una **metodología,** para conseguir comunicarse e intercambiar experiencias y puntos de vista, con el fin de construir el conocimiento.

5. Una **organización,** que se traduce en la adopción de diferentes roles por las personas que lo integran.

6. Una estabilidad, dado que el grupo de aprendizaje tiene una duración determinada en el tiempo.

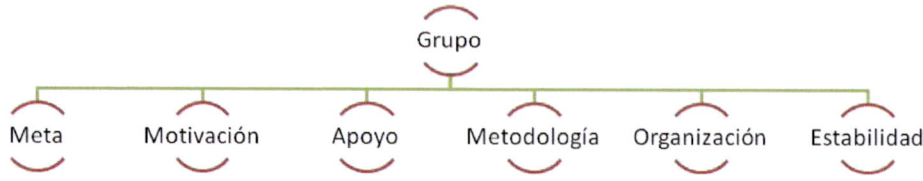

En el grupo, la suma del esfuerzo conjunto y los conocimientos de todos los miembros es mayor que la suma de esfuerzos y conocimientos individuales. Este fenómeno se conoce como **sinergia**.

El docente tendrá presente que no es un miembro más del grupo, sino que su papel es el de guía o coordinador.

Un grupo de enseñanza-aprendizaje será eficiente si se consigue que llegue a tener las siguientes características:

- **Intereses compartidos:** las expectativas de los miembros del grupo serán similares y deberán estar adecuadas a la finalidad del proceso formativo.

- **Objetivos conocidos:** las metas que se deben alcanzar y la finalidad de las actividades deben estar claras desde un inicio.

- **Afecto, reconocimiento:** el grupo debe proporcionar a todos los integrantes un sentimiento de apoyo y reconocimiento.

- **Estructura del grupo:** el tipo de relación, de organización y el grado de formalismo que se establece en un grupo condiciona de alguna forma su dinámica y funcionamiento.

- **Roles asumidos y deseados:** a cada miembro de un grupo se le asigna un papel, una conducta que es esperada, determinada, aceptada o tolerada por el grupo en relación con la posición que ocupa.

- **Normas:** existencia de una serie de reglas conocidas, pactadas y aceptadas por el grupo.

- **Cohesión grupal:** el grado en que los miembros de un grupo desean permanecer en él es lo que le da cohesión, sentido de cooperación y deseo de trabajo conjunto.

- **Comunicación e interacción:** dentro del grupo es un componente básico para el desarrollo de un sentido de vinculación. A veces este no se produce por falta de un procedimiento de comunicación adecuado al del grupo.

- **Pertenencia:** sentimiento de formar parte de un grupo.

El aprendizaje en grupo se contrapone al **aprendizaje competitivo,** en el que cada persona trabaja contra las demás, y con el **aprendizaje individualista,** en el que cada persona trabaja para lograr metas individualizadas.

El énfasis del proceso de aprendizaje recae sobre los resultados, los hábitos de trabajo y la cooperación.

ACTIVIDAD:

¿Puedes resumir cuáles son las características básicas del aprendizaje en grupo?

2.1.2. Principios del aprendizaje en grupo

El psicólogo Jack R. Gibb, especialista en procesos grupales, estableció una serie de principios básicos que sirven de guía al docente para trabajar con un grupo de enseñanza-aprendizaje.

1. Crear un ambiente **facilitador** que propicie la resolución de problemas, garantizando la comunicación y la interacción.

   El ambiente físico influye sobre el clima de trabajo, por lo que es indispensable cuidar las condiciones del aula, el tamaño, el clima, etc.

2. Potenciar las **relaciones cooperativas** y el conocimiento mutuo, creando un clima de confianza donde las tensiones sean reducidas.

   El docente debe conseguir que las personas se desinhiban, perdiendo el miedo a trabajar en equipo, a hablar en público, etc.

3. El rol de **liderazgo** debe alternarse entre los diferentes miembros del grupo, con el fin de que todas las personas puedan demostrar sus dotes para dirigir un equipo.

4. Todo el grupo debe tomar parte en la **definición de los objetivos de las tareas,** dado que así se incrementa la cohesión y el esfuerzo por alcanzarlos, ya que se asimilan como propios y no como impuestos.

5. La realización de una actividad requiere una serie de normas, pero en ocasiones estas dificultan la consecución del objetivo.

   La **flexibilidad** del grupo para modificar las normas y la adaptación al cambio es clave para llegar a la meta.

6. La **comunicación** entre los miembros del grupo debe producirse de forma fluida y espontánea, fomentando la colaboración y no la competitividad.

   Las decisiones se adoptarán por **consenso**, y no por imposición, facilitando así la aceptación y el compromiso con los acuerdos que se alcancen.

7. Es básico que todas las personas **comprendan** cómo se va a desarrollar el **proceso** grupal, conociendo las normas, las metodologías y los objetivos.

8. La **evaluación** continua ayuda a resolver los problemas que surjan, facilita la toma de decisiones y reorienta la actividad cuando los objetivos parciales no se están alcanzando.

ACTIVIDAD:

Antes de continuar explica, a partir de una situación real que se puede dar en el aula, cómo aplicarías estos ocho principios de aprendizaje.

El rol docente en el aprendizaje en grupo es el siguiente:

- Especificar los **objetivos**, tanto los formativos como los relacionados con las habilidades que se van a trabajar.

- Tomar decisiones previas a la enseñanza: definir los grupos que se van a formar, la estrategia de las actividades que se realizarán, el rol da cada integrante, los recursos disponibles, etc.

- Comunicar los objetivos de cada actividad al grupo.

- Explicar la tarea, cómo se debe realizar y por qué, qué conductas se van a observar y cuáles serán los criterios de evaluación.

- Controlar la efectividad del grupo, realizando su seguimiento a través de la evaluación continua y aportando información cuando sea necesario.

- Intervenir cuando se produzcan conflictos y ayudar a solucionarlos.

- Evaluar los resultados, reflexionando con el grupo acerca de su actuación, los comportamientos de los diferentes miembros y los cambios necesarios, si los hubiera, para incrementar el rendimiento.

Esta evaluación debe suponer un refuerzo para la actividad del grupo, aplicando técnicas de crítica constructiva que ayuden a cada miembro a saber cómo mejorar.

> Recuerda que el docente no es un miembro más del grupo, sino su guía y facilitador.

2.2. Tipos de grupos

Un grupo se clasifica en función de diferentes criterios, que abarcan su tamaño, funcionamiento, relaciones que se establecen, etc.

En este apartado se mostrará una primera clasificación general para extrapolarla, en el segundo punto, al espacio que nos ocupa, el de la docencia.

2.2.1. Clasificación de los grupos

Los grupos se identifican en función de diferentes criterios.

Número de miembros

- **Pequeño.** Menos de quince miembros.

- **Mediano.** De quince a veinticinco miembros.

- **Grande.** Más de veinticinco miembros.

La interacción y la comunicación entre las personas que forman parte de un grupo se hace más difícil a medida que aumenta el número de integrantes.

Según la relación entre sus miembros

- **Primarios:** las relaciones que se establecen se basan en la confianza, compromiso y solidaridad entre todos los miembros. Se desarrollan vínculos afectivos.

- **Secundarios:** su unión está condicionada a la consecución de determinados objetivos, y las emociones están más restringidas que en el caso anterior.

Los grupos que se forman en un proceso de enseñanza-aprendizaje son, habitualmente, secundarios, si bien al finalizar la acción formativa pueden llegar a convertirse en primarios.

Según la estructura

- **Informales:** suelen ser grupos primarios, con una estructura poco rígida y prácticamente ausencia de normas.

- **Formales:** su estructura es compleja y rígida, se elaboran y acatan una serie de normas que son la base para conseguir un objetivo común. Estas características definen un grupo secundario.

Según el punto de vista sociológico

- **Pertenencia:** suelen ser grupos que se forman en función de una situación determinada, ya sea laboral, formativa, etc. Los miembros del grupo comparten un espacio determinado durante un tiempo concreto.

- **Referencia:** es el grupo al que una persona desea pertenecer, porque comparte sus objetivos y conductas. Sus miembros no se encuentran, habitualmente, en el mismo espacio durante el mismo tiempo.

2.2.2. Grupos desde el punto de vista pedagógico

En este caso, se diferencian tres grupos de aprendizaje colaborativo.

GRUPOS FORMALES

Se establecen por un espacio de tiempo determinado, y los participantes trabajan juntos para la consecución de unos objetivos comunes.

Garantizan la participación activa de todos los miembros del grupo y su comportamiento responde a una estructura determinada, los roles están perfectamente definidos, así como las normas, derechos y obligaciones.

Algunas de las actividades de aprendizaje colaborativo para las que se forman grupos formales son:

- Preparación de un seminario.
- Panel de expertos.
- Estudio de un caso.

GRUPOS INFORMALES

Funcionan durante un tiempo relativamente corto, con el objetivo de dirigir la atención hacia determinados puntos, crear expectativas sobre el contenido o cerrar un tema. Como en el caso anterior, garantizan la participación activa de todos sus miembros. Ejemplos de grupos informales son los que se forman para:

- Realizar un *rol-playing.*
- Discutir acerca de unos contenidos concretos.

GRUPOS DE BASE

Estos grupos tienen un funcionamiento a largo plazo y sus miembros son permanentes. Su objetivo es el apoyo mutuo y la complementariedad entre las personas que lo forman. Habitualmente, son grupos de proyecto, que deben trabajar conjuntamente para presentar a lo largo del curso un proyecto concreto (un plan de marketing, por ejemplo).

Figura 2.1. Trabajo en equipo.

2.3. Fases del desarrollo grupal

En general, la evolución de un grupo pasa por una serie de fases estandarizadas que se conoce como Modelo de las cinco etapas de desarrollo de un grupo. Este modelo fue desarrollado por B. W. Tuckman.

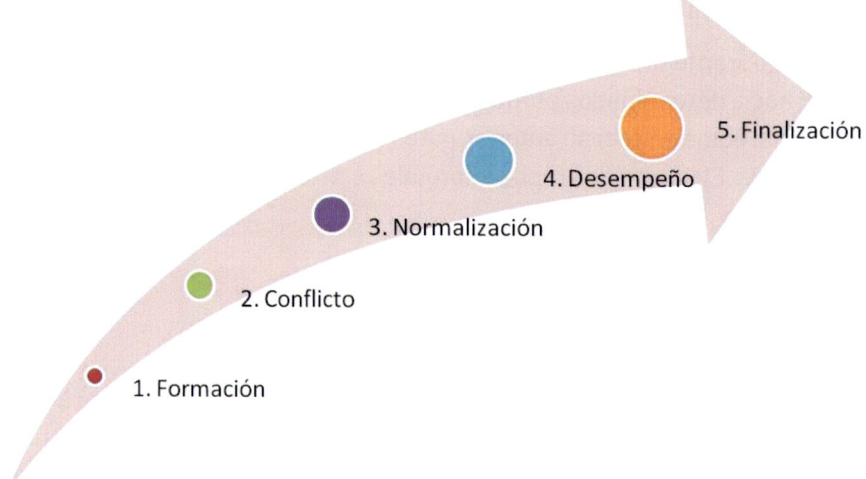

A continuación definimos cuáles son las conductas propias de cada una de las fases y el papel del docente como guía y facilitador del grupo.

2.3.1. Formación

En esta fase inicial, cada persona busca su lugar dentro del grupo e intenta ser aceptada por los demás.

Se recopila información acerca del resto de personas que integran el grupo, las tareas que se deben realizar y los objetivos establecidos.

Es este primer momento no suele aparecer el conflicto, aunque hay cierta ansiedad porque las personas no se conocen y los roles y tareas aún no están distribuidos. Las expectativas generales son positivas.

La labor del docente en esta fase es clave para que el grupo evolucione correctamente:

- Realizar las **presentaciones** oportunas, utilizando la técnica más adecuada en función del grupo (presentación individual, por pares, gráfica…).

- Dar a conocer los **objetivos** al alumnado, y conseguir que los interioricen y los hagan suyos.

- Definir la **finalidad** de las tareas y actividades que se van a emprender.

- Identificar los **roles** que van a ir apareciendo, e intentar redirigir aquellos que puedan ser problemáticos (personas aisladas, agresivas, etc.).

- Definir un lenguaje común para todo el grupo.

2.3.2. Conflicto

Esta fase se caracteriza por la **insatisfacción**, generada por la diferencia entre las expectativas iniciales de los logros del grupo y las reales. A lo largo de este momento se definen con claridad los roles de cada persona. Esta fase es problemática, suelen surgir sentimientos negativos que van desapareciendo a medida que se tienen más claros los objetivos, la forma de conseguirlos y cada persona acepta su papel y el de las demás.

Como docente, los roles que debes adoptar en esta etapa son:

1. Guía, aclarando las metas, las estrategias y las metodologías.
2. Negociador, consensuando con los alumnos las normas de funcionamiento del grupo.
3. Facilitador, estimulando la cooperación y ofreciendo ayuda al grupo.
4. Mediador en los conflictos que pueden aparecer.

2.3.3. Normalización

El grupo ha establecido sus normas. Los conocimientos y habilidades de cada persona están claros, los objetivos y las tareas se han definido y cada miembro ha adoptado un rol determinado.

A lo largo de esta etapa, los sentimientos son positivos, y el grupo empieza a producir. Extrapolándolo a una situación de enseñanza-aprendizaje, es el momento en el que el grupo comienza a ser más receptivo.

Como docente, debes aprovechar esta fase para:

- Revisar las normas del grupo, de forma que estén de acuerdo con los objetivos y las tareas que se pretende alcanzar.

- Redirigir a aquellas personas que han adoptado roles negativos.
- Proveer el grupo de toda la información que necesite para llevar a cabo sus tareas.
- Solicitar retroalimentación acerca de los objetivos, estrategias y tareas.
- Realizar el seguimiento del grupo para maximizar su productividad.

2.3.4. Desempeño

Todas las personas se conocen y la confianza es tan alta que los roles se intercambian sin que sea una fuente de conflicto. Toda la energía del grupo está orientada a la consecución de los objetivos. Es el momento de mayor productividad del grupo.

Tu papel como docente en esta fase es muy sencillo:

- Proveedor de información y recursos.
- Observador de la evolución de las tareas.
- Mediador, en el caso de aparición, poco probable, de conflictos.

2.3.5. Finalización

En esta etapa, cuando se acerca el final de una tarea (una actividad grupal, por ejemplo, o de la propia acción formativa), la productividad del grupo comienza a decaer y surgen sentimientos negativos, producidos tanto por la separación próxima como por una cierta insatisfacción cuando no se han cumplido las expectativas iniciales.

Es el momento de hacer balance, para que el grupo sea consciente de lo que ha conseguido y evitar sentimientos de frustración y pérdida.

- ¿Cuáles son los logros obtenidos?
- ¿Qué estrategias se han aplicado para alcanzar los objetivos?
- ¿Se han cumplido las expectativas iniciales?
- ¿Cuáles son los siguientes pasos?

ACTIVIDAD:

Dibuja una gráfica acerca de cómo evoluciona la productividad a lo largo de las cinco fases de desarrollo grupal.

2.4. Técnicas de dinamización grupal, situación y objetivos de aprendizaje

> «Dime y lo olvido, enséñame y lo recuerdo, involúcrame y lo aprendo».
> *Benjamín Franklin.*

Las técnicas de dinamización grupal son las herramientas que utilizamos los docentes para organizar la actividad de un grupo y dirigirle hacia la consecución del objetivo final.

Favorecen la participación del alumnado y, por tanto, la asimilación de los contenidos. Según el cono de la experiencia de Edgar Dale, una persona es capaz de memorizar...

10 % de lo que lee

20 % de lo que escucha

30 % de lo que ve

50 % de lo que ve y escucha

70 % de lo que dice y discute

90 % de lo que dice y realiza

Los objetivos de las técnicas de dinamización grupal son:

- Romper el hielo, sobre todo en las etapas iniciales de la formación.
- Mejorar la relación entre los miembros del grupo.
- Fomentar el pensamiento activo.
- Reforzar sentimientos de seguridad.
- Vencer temores y superar inhibiciones.
- Desarrollar la capacidad social del individuo.
- Fomentar la comunicación y las relaciones.
- Facilitar el aprendizaje.

La selección de una técnica u otra responderá a la situación de cada momento, el tipo de grupo y las características de sus miembros, la finalidad de la tarea y el aprendizaje que se debe obtener de la misma.

Independientemente de la técnica de dinamización que se seleccione, es necesario tener en cuenta una serie de pautas para organizar las tareas del grupo.

- Su **contenido** debe ser acorde con las habilidades y expectativas de los alumnos.

- Las dinámicas estarán encaminadas a la consecución de **objetivos** concretos de aprendizaje.

- Evolucionarán **progresivamente**, seleccionando técnicas más complejas a medida que avance la cohesión grupal.

- Motivarán la **participación** de todos y cada uno de los participantes, en función de sus capacidades y facilitando el intercambio de roles.

El éxito de cualquier técnica está condicionada por su preparación previa, los objetivos que se deben alcanzar y la información que proporciona al alumnado para desarrollarla.

A continuación se recogen una serie de técnicas y las recomendaciones para aplicarlas.

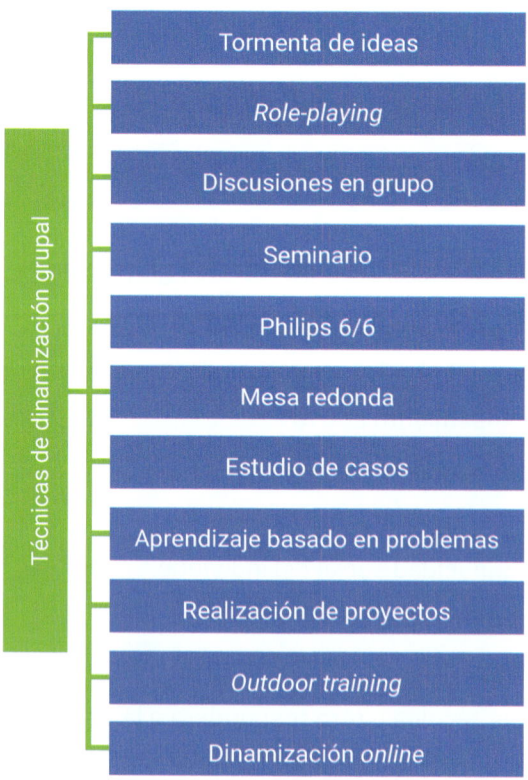

ACTIVIDAD:

Antes de continuar, te recomendamos la lectura del siguiente artículo: «La pirámide de Edgar Dale o... ¿la gran mentira educativa?», que analiza la teoría de asimilación de contenidos de Edgar Dale.

https://www.inesem.es/revistadigital/educacion-sociedad/piramide-de-edgar-dale/

2.4.1. Tormenta de ideas o *brainstorming*

Es una técnica cuyo objetivo es fomentar la creatividad del grupo a través de la generación espontánea de ideas. Propicia el descubrimiento de soluciones nuevas a problemas conocidos.

Consiste en plantear una situación o problema, y dejar que cada persona aporte ideas. En una primera fase, no está permitido discutir las ideas, aunque parezcan impracticables o absurdas. Posteriormente, el grupo irá eligiendo aquellas más eficaces y viables, hasta quedarse con la que aporte la solución.

Es una técnica muy sencilla y aporta un gran número de ventajas:

- Desarrolla la creatividad.

- Encuentra soluciones distintas de las habituales a los problemas.

- Favorece la participación, ya que evita el temor a que la idea no sea aceptada por el grupo.

- Crea un clima informal y un alejamiento del problema.

Una variante del *brainstorming* es el *brainwriting*.

Esta técnica consiste en que cada persona escribe las ideas en un *post-it*. Todas las ideas se pegan en una pizarra o superficie lisa, y el moderador las va agrupando por temáticas o en función del tipo de solución que aporten al problema planteado.

Finalmente, se discute acerca de cada idea y se seleccionan las más adecuadas para resolver el problema planteado.

Presenta dos ventajas fundamentales con respecto a la tormenta de ideas:

- Al tratarse de una técnica escrita, las personas tímidas son menos reacias a presentar su idea.

- La utilización de papeles adhesivos permite ir cambiando las ideas de posición sobre la pizarra, ubicándolas en el lugar correcto para tener una visión global de las ideas aportadas.

Esta técnica está muy ligada a nuevas técnicas de diseño y gestión de proyectos, como Visual Design y Visual Project.

Figura 2.2. *Brainwriting.*

2.4.2. *Role-playing* o juego de papeles

El *role-playing* consiste en que un grupo de personas represente una situación real. Cada personaje asume y desarrolla un papel determinado.

Los objetivos del *role-playing* son promover la participación de todos los miembros del grupo, facilitar la comunicación, liberar inhibiciones y, fundamentalmente, conseguir la empatía (ponerse en lugar de otra persona y tratar de comprender sus comportamientos e ideas) y favorecer cambios de actitudes.

Antes de comenzar la sesión, el formador debe explicar la técnica y sus objetivos a los miembros del grupo y, posteriormente, distribuir los papeles. Los actores elaborarán un guion de su representación y, a continuación, se representa. Una vez finalizada, se establecerá una discusión desde diferentes perspectivas (destrezas, comportamientos...). Por último, se propone que el resto del grupo haga una crítica constructiva de los comportamientos que ha observado en cada participante.

La sesión puede grabarse en vídeo para permitir que los participantes comprueben lo que han hecho y cómo lo han hecho, y analicen el porqué de su forma de actuar.

ACTIVIDAD:

Describe cómo aplicarías la técnica del *role-playing* en un curso sobre habilidades de negociación.

2.4.3. Discusiones en grupo

Consiste en el intercambio de ideas y opiniones de los integrantes de un grupo sobre un tema determinado, con la ayuda del docente, para resolver un problema, tomar una decisión o recabar información.

Sus objetivos son motivar la participación, formar el espíritu crítico y capacitar al grupo para llegar a un consenso dentro de un clima de igualdad y de respeto.

El formador presenta el problema o tema de discusión, formula claramente lo que pide al grupo, expone cuáles son las reglas de discusión y marca el tiempo de duración, que oscilará entre cuarenta y cinco minutos y una hora.

Algunas normas que se deben tener en cuenta a la hora de aplicar esta técnica son las siguientes:

- Evitar que una persona monopolice la discusión.

- Animar a participar a todos los miembros del grupo.

- Evitar que se intenten imponer opiniones a toda costa.

- Llegar a las conclusiones por consenso.

2.4.4. Seminario

Un grupo de personas se reúne para estudiar o investigar en profundidad un tema concreto, recurriendo a fuentes originales de información. Es un verdadero grupo de aprendizaje activo.

Su objetivo es iniciar a las personas en técnicas de investigación, profundizar en un tema con amplitud y crear un clima de cooperación en el grupo.

Antes de iniciar la actividad, el formador explicará el tema, problema u objetivo que ha seleccionado, y dará una orientación sobre los recursos que el grupo puede utilizar. A continuación, los participantes analizarán la información que tienen, y buscarán otras fuentes que les aporten más datos o visiones diferentes, ya sea dentro o fuera de la empresa.

Este trabajo puede durar días. Puede organizarse en sesiones de dos o tres horas diarias. Al final, cada grupo expondrá las conclusiones a sus compañeros.

2.4.5. Philips 6/6

Esta técnica se aplica para conseguir soluciones rápidas y consensuadas por todo el grupo, así como para promover la participación de todos sus miembros.

Los pasos para aplicarla son los siguientes:

- El docente plantea un tema de discusión e informa del desarrollo de la actividad: qué se pretende conseguir, de qué tiempo se dispone, cuál debe ser la forma de trabajo.

- El grupo se divide en subgrupos de seis personas cada uno.

- En los subgrupos, cada componente tiene que expresar su opinión al resto de integrantes durante un minuto.

- Una de la personas del grupo debe adoptar el papel de portavoz, con el fin de resumir y presentar las opiniones al resto.

- Tras la presentación común, se discuten las conclusiones presentadas por cada subgrupo.

- Finalmente, se intenta llegar a una solución por consenso entre todas las ideas aportadas.

2.4.6. Mesa redonda

Distintas personas, expertas en un tema (o que lo han preparado previamente), exponen ante el resto del grupo sus puntos de vista particulares. El moderador (el docente) se encarga de dirigir y coordinar la sesión.

Se utiliza para los siguientes casos:

- Ofrecer una visión crítica sobre un tema.

- Ampliar información.

- Estimular los procesos de análisis.

- Potenciar las actitudes de tolerancia mutua.

- Determinar los campos de acuerdo y desacuerdo sobre un tema concreto.

2.4.7. Estudio de casos

Es el estudio detallado de una situación o problema real, que ha sido investigado y adaptado de forma que sea posible realizar un amplio análisis que dé lugar a una discusión y se disponga de criterios claros para analizar las diversas conclusiones.

Esta técnica se aplica a grupos de cinco a quince personas. Las estrategias para desarrollarla son las siguientes:

- Los participantes, una vez que conocen el caso, comentan su impresión o juicio inmediato. De este modo, se exponen diferentes puntos de vista, que deberán ser tenidos en cuenta posteriormente. A continuación, se vuelve a analizar el caso individualmente. Como punto final, se recogen las conclusiones y se presentan al grupo.

- Otra estrategia consiste en realizar un primer análisis individual de la situación. A continuación, se forman subgrupos, donde se realiza un nuevo análisis y se extraen las conclusiones. Estas se exponen al grupo y se establece una discusión general.

Es posible seleccionar entre diferentes tipos de casos, en función del problema que se deba resolver y de los objetivos que se pretendan alcanzar.

- **Caso prototipo**: se planta un problema concreto, con una solución conocida.

- **Caso estimación**: las soluciones a la situación pueden ser muy diferentes, el alumnado debe aportar respuestas creativas al escenario planteado.

- **Caso ciego**: el caso que se ha descrito carece de todos los datos, por tanto, el primer paso de la actividad consiste en identificar cuál es el problema real.

- **Caso iceberg**: los datos que se aportan para solucionar el caso no son suficientes, es el grupo quien debe investigar para obtener toda la información necesaria y, posteriormente, plantear las hipótesis para resolver el problema.

- **Caso serie**: la actividad grupal consiste en ir resolviendo, a lo largo del tiempo, un número determinado de casos que están relacionados entre sí. La tarea del docente en esta técnica es la de fomentar la participación, guiar las sesiones y moderar las discusiones. Debe aceptar las opiniones de los participantes, sin imponer en ningún momento la suya, y procurar que ellos mismos lleguen a las conclusiones, a ser posible, por consenso.

  Esta técnica se utiliza para fomentar el trabajo en grupo y aumentar la capacidad de síntesis y análisis de los asistentes. Esta metodología ofrece a las personas el papel de protagonista, mientras que el docente adopta el papel de orientador. Además, fomenta la comunicación entre todos los miembros, el intercambio de ideas, valores y opiniones.

Algunos ejemplos de la aplicación de esta técnica puedes ser:

- En marketing: plantear el estudio del éxito de una campaña publicitaria (como pueden ser las campañas a la ONCE).

- En prevención de riesgos laborales: impacto de la implantación de una medida de protección determinada en la disminución de accidentes de trabajo.

- En docencia: análisis del impacto en el aula de la técnica *serious game* (o juegos serios).

2.4.8. Aprendizaje basado en problemas

Los participantes se agrupan en equipos de cinco a diez personas que trabajan juntas durante un periodo determinado de tiempo (un mínimo de dos horas) en la resolución de un problema sobre el cual no han recibido ninguna información previa.

Los pasos para aplicar esta técnica son los siguientes:

1. En equipo, leer el problema y buscar información sobre aquellos aspectos que resultan desconocidos.

2. **Analizar** el problema.

3. Identificar qué **conocimientos** son necesarios para resolverlo.

4. Establecer los temas más importantes de la investigación y priorizarlos.

5. Marcar los **objetivos.**

6. **Asignar tareas** a cada miembro.

7. **Documentarse** y estudiar, de forma individual o colectiva para alcanzar las metas establecidas (esta última fase puede repartirse en varias sesiones, dado que es posible que el tiempo necesario para desarrollarla sea largo).

Una vez que el equipo ha adquirido los conocimientos necesarios, se reúne de nuevo para la puesta en común e intentar resolver el problema. Si no se ha conseguido, es preciso tomar medidas correctivas y comenzar de nuevo.

Finalmente, se expone la solución al resto de grupos.

En esta técnica es muy importante que el docente seleccione el problema adecuado, cuya resolución permita alcanzar uno o varios objetivos del curso.

2.4.9. Realización de proyectos

La realización de un proyecto en equipo suele ser un trabajo a largo plazo. El equipo que se forma es estable y el trabajo que se debe presentar abarcará, en gran parte, todos los contenidos tratados en un módulo o en la acción formativa completa. Con la realización total del proyecto, se alcanzarán los objetivos del curso.

Las labores del docente en esta técnica son:

- Asegurarse de que el proyecto que se va a realizar es acorde con los objetivos que se deben alcanzar y con las capacidades de los participantes.
- Prestar su apoyo a los equipos.
- Supervisar periódicamente el trabajo del grupo para recibir información acerca de:
  - La cohesión del equipo.
  - El rol adoptado por cada participante.
  - La comprensión de los contenidos que ya ha explicado.
  - Prestar apoyo y profundizar o suministrar más información sobre aquellos temas que presenten más dificultades.
  - Evaluar el proyecto.

Al finalizar el curso, cada grupo realizará una presentación del proyecto al resto de participantes; quienes evaluarán el proyecto en colaboración con el equipo docente e intentarán realizar una crítica constructiva a la presentación de cada equipo.

2.4.10. Juegos serios y gamificación

Los juegos serios, o *serious game,* y la gamificación ofrecen múltiples beneficios en formación. En ambos casos ayudan a incrementar el compromiso del alumnado, incrementan su motivación, le ayudan a desarrollar su potencial y mejoran la experiencia de aprendizaje. Aunque a veces se utilizan como sinónimos, existen notables diferencias entre estos dos términos.

La **gamificación** utiliza la mecánica del juego en contextos que no son lúdicos. Por ejemplo, se otorgan puntos y medallas cuando se superar diferentes actividades, se realiza un *ranking* donde se muestran, de forma global, los avances de los estudiantes, se organizan concursos... Su finalidad principal es motivar al alumnado para realizar determinadas tareas, lograr los objetivos de aprendizaje y, en definitiva, ir superándose poco a poco.

- La gamificación forma parte del curso. En general, no se aplica a su conjunto, sino a determinados elementos (evaluaciones, calificaciones, avance del curso, etc.).

- Su objetivo es la motivación del alumnado y, si se realiza en equipo, la cohesión del mismo.

La metodología *serious game* en formación se basa en utilizar el juego en sí mismo como un recurso para el aprendizaje. La actividad lúdica se usa para desarrollar determinadas competencias y habilidades en el alumnado. Su finalidad principal no es la diversión, sino el aprendizaje. Pueden simular contextos o escenarios reales, en los que se deben superar diferentes retos hasta llegar al final y, por tanto, lograr la consecución de los objetivos formativos.

- El juego constituye el objeto de aprendizaje en sí mismo, pudiendo constituir por sí mismo la totalidad de un curso.

- La metodología de *serious game* se basa en «aprender jugando». Con su realización, el alumnado desarrollará una serie de competencias y logrará los objetivos de aprendizaje para los que fue diseñado.

PARA SABER MÁS...

Para saber más sobre *serious games,* échale un vistazo a este vídeo: https://www.youtube.com/watch?v=fQV5UqU0kwM

ACTIVIDAD:

Diseña una o varias actividades de gamificación para tu curso. Deben desarrollarse en equipo. Una buena idea puede ser plantear un concurso por equipos que se desarrolle semanalmente, por ejemplo, a última hora de un viernes.

2.4.11. *Outdoor training*

El *outdoor training* es una metodología que se basa en la realización de actividades lúdicas al aire libre. Estas actividades, o juegos, se realizan de forma secuencial y están relacionadas, indirectamente, con las competencias que el alumnado debe adquirir a través del proceso «tradicional» de formación.

Están dirigidas por un facilitador que, junto con el docente, una vez finalizadas las actividades, ayudará a los participantes a reflexionar sobre las actitudes manifestadas por el grupo, las actuaciones individuales y las causas del cumplimiento, o no, de los objetivos que se perseguían con cada tarea.

Las habilidades y actitudes que se trabajan en el *outdoor training* son las siguientes:

- Liderazgo, tanto formal como informal.

- Definición de roles en el grupo.

- Toma de decisiones.

- Motivación.

- Mejora del autoconcepto.

- Respuesta ante situaciones de estrés.

- Mejora de la comunicación.

- La colaboración con el equipo.

- Gestión el tiempo.

Como en todas las dinámicas de grupo, pero especialmente en esta, es muy importante explicar cuál es el objetivo de cada actividad, qué habilidades y actitudes se van a trabajar y, finalmente, evaluar el comportamiento del grupo y extraer las conclusiones necesarias para la mejora de las capacidades.

En la siguiente tabla se recogen algunas de las actividades que se suelen realizar en un *outdoor training* y las competencias que movilizan.

Prueba	Competencias
Piragüismo Habitualmente, se realiza por parejas, pero se incluyen actividades colaborativas.	<ul><li>Trabajo en equipo, organización</li><li>Colaboración</li><li>Competitividad</li></ul>
Gincana Se trata de superar una serie de pruebas, en equipo, para alcanzar una meta concreta.	<ul><li>Liderazgo</li><li>Desarrollo de equipo</li><li>Comunicación</li><li>Competitividad</li></ul>
Mecano Realizar una construcción determinada.	<ul><li>Visión estratégica</li><li>Comunicación grupal</li></ul>

Prueba	Competencias
Tela de araña Dos o más equipos se sitúan a un lado de la tela de araña formada por cuerdas, y deben pasar todos al otro lado, sin tocar la tela.	• Estrategia • Comunicación
Lanzamiento de dardos, tiro con arco	• Orientación a resultados
La gallina ciega Cada participante debe conseguir, con ayuda de su equipo, superar una serie de obstáculos para alcanzar un objetivo concreto.	• Concentración • Comunicación • Resistencia al estrés • Orientación a resultados

Tal como se ha apuntado anteriormente, la elección del método adecuado depende del grupo destinatario de la formación, de los objetivos, los recursos disponibles, etc. A medida que el grupo destinatario tiene un mayor nivel de cualificación, se emplean métodos más complejos y dinámicos, y con una retroalimentación del participante más elevada.

ACTIVIDAD:

¿Conoces otras dinámicas de grupo que se suelan aplicar en el aula o fuera de ella?

2.4.12. Técnicas de dinamización *online*

Los cursos *online* tienen sus características propias. Si bien suele primar el trabajo individual, la mayor parte de las plataformas de teleformación disponen de las suficientes herramientas para que sea posible formar grupos y aplicar la mayor parte de las técnicas, o bien se puede recurrir a otro tipo de aplicaciones gratuitas y de fácil utilización para desarrollar estos trabajos.

Un problema recurrente en formación *online* es la falta de participación del alumnado, por lo que es muy importante que el equipo de tutorización ponga especial énfasis en la labor de dinamización. Según Jakob Nielsen, uno de los grandes expertos en usabilidad web, en las comunidades virtuales se aplica la regla del 90-9-1:

• El 90 % de las personas solo mira.

• El 9 % participa esporádicamente.

• El 1 % participa activamente.

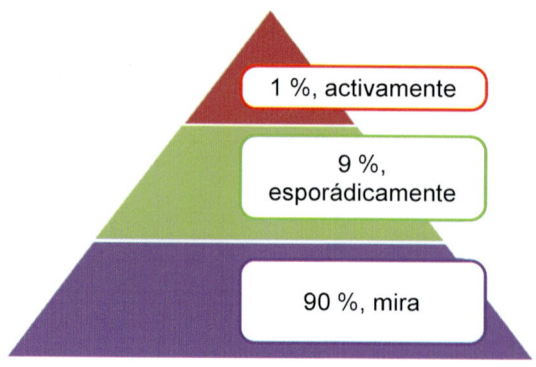

1 %, activamente

9 %, esporádicamente

90 %, mira

HERRAMIENTAS DE LA PLATAFORMA

Tal como hemos señalado anteriormente, un centro virtual de formación dispone de herramientas de comunicación síncronas (en las que todos los participantes comparten un espacio virtual en el mismo periodo de tiempo) y asíncronas, en las que la comunicación se produce en diferentes periodos de tiempo.

Estas herramientas de comunicación serán la base del trabajo en grupo.

- El **chat** es un instrumento muy adecuado para realizar una tormenta de ideas. En el caso de que se aplique el *brainwriting,* se puede recurrir a la **pizarra compartida.**

- A través de los **foros grupales** es posible trabajar un proyecto, un estudio de casos o la resolución de un problema en grupo.

- La **videoconferencia** es el apoyo adecuado para el desarrollo de un *role-playing.*

- La creación de un **glosario** de forma colaborativa, en grupos, puede ser una buena técnica para que el alumnado explique, con sus propias palabras, conceptos que se presentan a lo largo del curso.

- Algunas plataformas ofrecen la posibilidad de crear un **blog grupal**, que puede ser una buena base para la realización de un proyecto final.

Además, existen muchas herramientas colaborativas, no necesariamente integradas en el centro virtual de formación que se pueden utilizar como base de la comunicación *online* y el trabajo en grupo.

HERRAMIENTAS VIRTUALES COLABORATIVAS

- **Skype, Zoom** o **Teams,** entre otras aplicaciones, permiten las reuniones por videoconferencia, hacer chats grupales, compartir escritorio, etc. Son herramientas muy sencillas para hacer reuniones grupales.

- **Aplicaciones** para el almacenamiento en la nube, tales como Dropbox, OneDrive y GoogleDrive, proporcionan un instrumento muy útil para compartir información entre los diferentes miembros de un grupo, evitando además el intercambio de múltiples correos que pueden dificultar el control de versiones o, simplemente, borrarse.

- Preparación **colaborativa de documentos**: Google Docs y Microsoft 365 ofrecen herramientas de edición de texto, hoja de cálculo, presentaciones… que permiten la elaboración conjunta de un proyecto. En ambos casos se pueden crear cuentas gratuitas.

- Herramientas colaborativas de gestión de proyectos, como puede ser el tablero digital **Trello**.

El listado de herramientas que permiten trabajar de forma colaborativa es muy extenso. Muchas de ellas se pueden utilizar de forma gratuita y la mayoría están distribuidas en modalidad *freemium,* con funcionalidades gratuitas y de pago.

Estas herramientas no tienen por qué emplearse únicamente en formación *online.* El requisito indispensable para utilizarlas es que se adapten a los objetivos y al grupo de incidencia.

Investiga acerca de cuáles podrías utilizar en tu curso.

LA LABOR DEL DOCENTE

Es cierto que la distancia física entre los participantes y el formador dificulta mucho el desarrollo de los trabajos grupales, pero el sobresfuerzo realizado supone que el aprendizaje sea mayor.

En este caso, la labor docente debe centrarse en:

1. Establecer los objetivos de la actividad que se va a desarrollar.

2. Seleccionar las herramientas adecuadas al perfil del alumnado.

3. Explicar todos los pasos de la actividad que se va a desarrollar, así como las herramientas necesarias para llevar a cabo el trabajo.

4. Anticiparse a los problemas técnicos que se puedan producir y ayudar a resolverlos si aparecen.

5. Realizar un seguimiento exhaustivo del trabajo en grupo, fomentando la participación de todos los miembros.

6. Resolver, de forma rápida, las dudas que se plantean, estableciendo los mecanismos de comunicación oportunos para que el grupo no se sienta abandonado o perdido.

7. Solucionar conflictos.

8. Dar retroalimentación continua a los participantes, y buscar su *feedback* activamente.

9. Seleccionar el recurso más adecuado para que los resultados de las actividades se pongan en común con el resto de participantes.

Otras normas que debe tener en cuenta el teletutor para dinamizar el trabajo en grupo son:

1. Generar estrategias de trabajo que impliquen a todos los participantes.

2. Atender las necesidades individuales, orientando a aquellas personas que tengan dificultades para participar en grupo.

3. Utilizar recursos innovadores, pero fáciles de usar, que atraigan la atención del alumnado.

4. Variar las actividades, con el fin de no «caer» en la rutina y el aburrimiento.

5. Si la duración del curso lo permite, cambiar la composición de los grupos de trabajo.

En el caso de que la acción formativa se realice en **modalidad mixta** (combinación de clases presenciales y *online*), es posible aplicar todas las técnicas explicadas en los puntos anteriores.

ACTIVIDAD:

Explica cómo llevarías a cabo un *brainstorming* a través de un chat en la plataforma virtual.

2.5. Coordinación y moderación del grupo

A lo largo de los puntos anteriores se ha ido esbozando cuál es el papel del docente en el trabajo en grupo. Los roles que debe adoptar para apoyar al grupo son los siguientes:

2.5.1. Facilitar el aprendizaje

Es el responsable de crear las condiciones adecuadas para que se produzca el aprendizaje. Para conseguirlo, es imprescindible que conozca las bases teóricas de la dinámica de grupos y las diferentes técnicas adecuadas al grupo destinatario, a los objetivos y a los contenidos, y las ventajas y riesgos de cada una de las técnicas.

Es su misión seleccionar y preparar todos los instrumentos necesarios para que se pueda desarrollar el trabajo en grupo: los casos de estudio, los problemas que habrá que resolver, las bases teóricas para el desarrollo de un proyecto, etc.

Finalmente, debe ser capaz de comunicar adecuadamente los objetivos de cada trabajo y las normas para desarrollarlo.

2.5.2. Informar

Si bien en el trabajo en grupo el docente no es la única fuente de información, es muy importante que proporcione toda la necesaria para que el grupo no llegue a perderse y estancarse.

Esta información se puede proporcionar de forma oral escrita o, simplemente, indicando cuáles son los medios para investigar y localizar todos los elementos precisos para llevar a cabo el trabajo.

2.5.3. Observar el proceso grupal

Uno de los papeles más importantes que juega es el de **observador**. La observación es un medio óptimo para conocer cómo funciona un grupo y cómo se desarrolla, e intervenir cuando sea necesario.

Es tan importante saber cómo se relacionan los miembros del grupo como el contenido que se trabaja. Estas relaciones definen cuáles son los roles que cada persona adopta en el grupo y permiten al docente intervenir cuando un participante actúa pasivamente o de forma que dificulte el trabajo.

En su papel de observador, interviene cuando el grupo se encuentra en dificultades y cuando se producen conflictos.

La observación es una herramienta muy útil de evaluación y de retroalimentación, y permite introducir los cambios necesarios a lo largo del proceso grupal para que se alcance los objetivos, dado que la no consecución de los mismos generaría una alta frustración.

Es clave actuar con objetividad y evitar implicarse personalmente en las situaciones que se llegan a producir, tomando partido por algún participante en concreto. Si se produce un conflicto, debe actuar como mediador en este, dejando que sea el grupo quien encuentre la solución al mismo.

2.5.4. Moderar la comunicación

La comunicación es el instrumento clave del aprendizaje en grupo. La función del docente consiste en animar y favorecer la comunicación entre los diferentes miembros del grupo, evitando que se deteriore y fomentando actitudes tales como la **escucha activa y la empatía.**

2.5.5. Asesorar

Al inicio de una acción formativa, los grupos tienden a adoptar un papel pasivo y no participan en las decisiones que se toman en el aula. Sin embargo, a medida que van madurando los diferentes grupos que se forman, el docente deja de ser la figura central y adopta el rol de asesor.

En este papel, el formador actúa bajo solicitud del grupo, prestando la ayuda necesaria para que consiga su objetivo. En algunos casos, y basándose en la observación, puede intervenir para apoyar en la consecución de objetivos o resolución de problemas o conflictos.

2.6. Tipos de respuestas ante las actuaciones del alumnado

Para ver qué tipos de respuestas se deben ofrecer en función de la actuación del alumnado, lo más conveniente es clasificar los diferentes tipos de personas que podemos tener en un aula, caracterizarlas y ver qué respuesta es la más adecuada a cada uno de ellos.

2.6.1. Roles del alumnado

Para conocer las características del alumnado, hay que hacer el esfuerzo de analizar a cada persona e interpretar la información que nos envía. No se trata de hacer una clasificación inamovible, sino de hacerse una idea de quién adopta cada rol e interpretar la información que nos envía:

- ¿Quiénes participan activamente y quiénes no?

- ¿Quién reacciona positivamente o negativamente a los estímulos?

- ¿Quién actúa como líder? ¿Y quién sigue al líder?

- ¿Quién prefiere quedarse con los conceptos básicos y quién prefiere profundizar?

- ¿Alguna persona intenta boicotear la clase?

Tipo	Características	Respuesta del docente
LÍDER	Fuerte personalidad. Consigue hacerse oír y captar la atención. Es posible que monopolice la atención.	En función del tipo de liderazgo que ejerza, el docente deberá reconducir su actuación, intentando que intercambie su papel con otros miembros del grupo.
MODERADOR	Reduce las tensiones del grupo. Conduce el grupo a la acción.	Puede ser un apoyo clave para el docente.
ORIENTADOR	Actúa como guía del grupo. Tiene siempre presente los objetivos que deben alcanzar y plantea soluciones para lograrlos.	Al igual que en el caso anterior, puede constituir un gran apoyo para el formador.
TÍMIDO	No participa. Permanece atento, pero callado.	Pedirle opinión. Reforzar sus respuestas. Hacer referencia a sus aportaciones.
DISTRAÍDO	No sigue el desarrollo de la sesión. Distrae al resto del grupo.	Realizar preguntas directas y contextualizadas.
PREGUNTÓN	Monopoliza las preguntas tanto al formador como al grupo. Critica las opiniones de los demás.	Derivar las preguntas al resto del alumnado. Pedirle que deje para el final de la sesión, en privado, preguntas que no tengan interés común.

Tipo	Características	Respuesta del docente
CRÍTICO	Censura la mayor parte de las propuestas. No proporciona alternativas válidas.	Reconducirle hacia la crítica constructiva. Solicitarle soluciones concretas.
OBSTINADO	Ignora el punto de vista de los demás. Pretende imponer sus criterios.	Plantear sus opiniones al grupo. Reconducir sus reflexiones. Presentarle opiniones opuestas a la suya.
SABIONDO	Pretende impresionar a los demás. Tiene recetas mágicas para todas las situaciones.	Plantearle preguntas difíciles. Favorecer las intervenciones del resto del grupo.
CONFLICTIVO	Pone en duda todas las afirmaciones. Pasa fácilmente a ataques personales.	Conservar la calma. Cortar sus discusiones con firmeza. Solicitar la participación del resto. Reconducir los ataques hacia críticas constructivas.

ACTIVIDAD:

¿Podrías identificar otros roles que puedan aparecer en un grupo y qué estrategia de actuación llevarías a cabo para potenciarlos o, si fuera necesario, minimizar sus efectos en el resto de integrantes del equipo?

2.6.2. Actitudes grupales

Veamos ahora qué tipos de respuestas suelen ser las más adecuadas hacia actitudes generalizadas en el grupo.

Falta general de participación

- Causas: falta de interés o miedo, problemas con el docente, objetivos poco claros o mal formulados, temática inapropiada.

- Consecuencias: no se cumplen los objetivos; el grupo puede desintegrarse.

- Actuaciones:

  - Revisar los objetivos.

  - Hacer un seguimiento de la actuación del docente.

  - Proponer técnicas de grupo.

  - Realizar debates.

  - Evaluar el clima grupal.

Excesiva participación, todos hablan simultáneamente

- Causas: mala actuación del docente, tensión grupal por problemas de roles o liderazgo, temas polémicos.

- Consecuencias: aumenta la tensión, aparecen enfrentamientos, no se escucha.

- Actuación recomendadas:

  - Evaluar al docente.

  - Proponer ejercicios estructurados e individuales.

  - Solicitar a los participantes que hagan resúmenes sobre lo que se expone.

  - Utilizar métodos interrogativos.

  - Aplicar estudios de casos, que inviten a la reflexión.

ACTIVIDAD:

¿Sabes lo que es la pereza social? Es la teoría que establece que algunas personas se esfuerzan menos cuando se las evalúa como parte de un grupo.

¿Crees que es así? ¿En qué situaciones se puede dar?

Busca información acerca de este tema y elabora un plan de acción para evitarla.

2.7. Resolución de conflictos

En un grupo es habitual, e incluso sano, que aparezcan conflictos. Un conflicto, correctamente gestionado, constituye una fuente de aprendizaje; sin embargo, una mala resolución tiene consecuencias negativas que dificultan el desarrollo del grupo.

Las causas de aparición de un conflicto en un grupo de aprendizaje son muy variadas:

- Dificultades para realizar la tarea.

- Distribución de roles.

- Mala relación personal.

- Clima de trabajo negativo.

El grupo debe enfrentarse a los problemas que van surgiendo y el docente debe ayudar a resolverlos, analizando las diferentes causas y transformando el conflicto en una fuente de conocimiento.

La forma de reaccionar ante un conflicto es diferente en cada persona y depende de la situación. Básicamente, se diferencian tres actitudes:

- **Confrontar**: es una forma más o menos agresiva de respuesta, donde se intenta que existan ganadores y perdedores.

- **Negar**: no enfrentarse al conflicto por miedo a la confrontación o al adversario.

- **Colaborar**: intentando encontrar una solución en la que todas las partes ganen.

Para el docente, es importe diferenciar qué actitudes predominan, e intentar dirigir el proceso de solución hacia la colaboración, de forma que se alcance una solución al conflicto por consenso, y todas las partes se sientan ganadoras.

2.7.1. Fases de la resolución de conflictos

A continuación, analizaremos cuáles son las fases indicadas para resolver un conflicto en el aula o en un grupo.

Fase 1	Identificar el problema
Fase 2	Buscar soluciones
Fase 3	Evaluar propuestas
Fase 4	Negociar soluciones
Fase 5	Tomar decisiones
Fase 6	Planificar puestas en marcha
Fase 7	Realizar el seguimiento

IDENTIFICAR EL PROBLEMA

El primer paso para resolver un conflicto es identificarlo y buscar sus causas. Para lograrlo, se intentará conseguir la máxima información acerca del origen del problema, implicando, si es posible, a todas las personas que forman parte del mismo.

La técnica más efectiva en esta primera fase es realizar una reunión con el grupo y preguntar directamente cuál es el problema, cuál puede ser su origen y cómo se siente cada persona en esta situación conflictiva.

BÚSQUEDA DE SOLUCIONES

En esta fase, se intenta que las personas implicadas propongan ideas de todo tipo para buscar una salida consensuada al problema. Este paso demuestra que el conflicto tiene una solución, y que la totalidad de las personas implicadas debe participar para encontrarla.

Una buena técnica que se puede aplicar en este momento es la tormenta de ideas, que nos ayudará a plasmar ideas de todo tipo sin juzgarlas.

EVALUAR PROPUESTAS

Ahora es el momento de analizar las ventajas e inconvenientes de las ideas aportadas para seleccionar las más viables y que, si es posible, satisfagan a todas las partes.

Para evaluar las propuestas, pueden utilizarse diferentes técnicas, siendo la más adecuada el trabajo en pequeños grupos que evaluarán las propuestas y expondrán sus conclusiones al grupo.

NEGOCIAR LAS POSIBLES SOLUCIONES

La fase de negociación es la más complicada. Es preciso evaluar qué es importante para cada parte implicada, a qué se está dispuesto a renunciar y cuál es el punto al que hay que llegar.

Los participantes deben reconocer cuáles son los intereses propios y los de la otra parte, y cómo alcanzar un consenso que satisfaga a todas las personas implicadas (es decir, que todos se sientan ganadores).

TOMAR DECISIONES

Una vez que la negociación ha finalizado, es la hora de tomar una decisión, escogiendo la mejor opción para llegar a un acuerdo. Para que sea efectiva, esta solución debe estar consensuada por todas las partes.

El acuerdo será realista, concreto y realizable.

Puede ser un buen momento para volver al inicio del problema, analizar las causas del mismo y buscar la forma de que no se vuelva a repetir.

PLANIFICAR LA PUESTA EN MARCHA

Ahora es cuando hay que planificar los pasos que se van a dar para que el acuerdo se ponga en marcha, comenzando por los aspectos más sencillos del mismo y abordando, en una segunda fase, los más complejos.

Para realizar esta planificación, es conveniente elaborar una agenda de compromisos entre las partes.

REALIZAR EL SEGUIMIENTO

En ocasiones, al poner en práctica un acuerdo, se manifiestan las dificultades para llevarlo a cabo. Si el acuerdo no tiene un resultado satisfactorio, se producen frustraciones en el grupo.

Para evitar el sentimiento de fracaso, es preciso realizar el seguimiento de las acciones que se han planificado para incluir modificaciones si fuera necesario, así como comprobar que todas las partes están siendo honestas y cumpliendo con sus compromisos.

ACTIVIDAD:

¿Qué conflictos más habituales aparecen en un grupo de trabajo en el aula? ¿Están relacionados con los diferentes roles que se adoptan en la misma?

IDEAS CLAVE TEMA 2

- El aprendizaje en grupo tiene una serie de características propias que lo diferencian del aprendizaje individual. Si se trabajan adecuadamente, contribuirán a la mejora del proceso.
- Por lo general, un grupo no se crea por el hecho de compartir un espacio. Su desarrollo pasa por cinco etapas que el docente tiene que gestionar para minimizar riesgos y conseguir su cohesión y la máxima productividad.

- Las técnicas de dinamización grupal favorecen la participación del alumnado, contribuyen al desarrollo del grupo y son claves para conseguir los objetivos formativos.

- En formación *online* tampoco debe olvidarse el trabajo colaborativo. Las herramientas tecnológicas disponibles ofrecen suficientes alternativas para adaptarse a todo tipo de objetivos, personas y contenidos.

- La tipología del alumnado es variada y la actuación de cada persona, también. Las respuestas del docente tienen que contribuir a reconvertir las respuestas negativas en positivas y potenciar estas últimas.

- Los conflictos en los grupos suelen ser inevitables. Lo que se debe hacer es manejarlos y convertirlos en una oportunidad de aprendizaje.

MAPA CONCEPTUAL

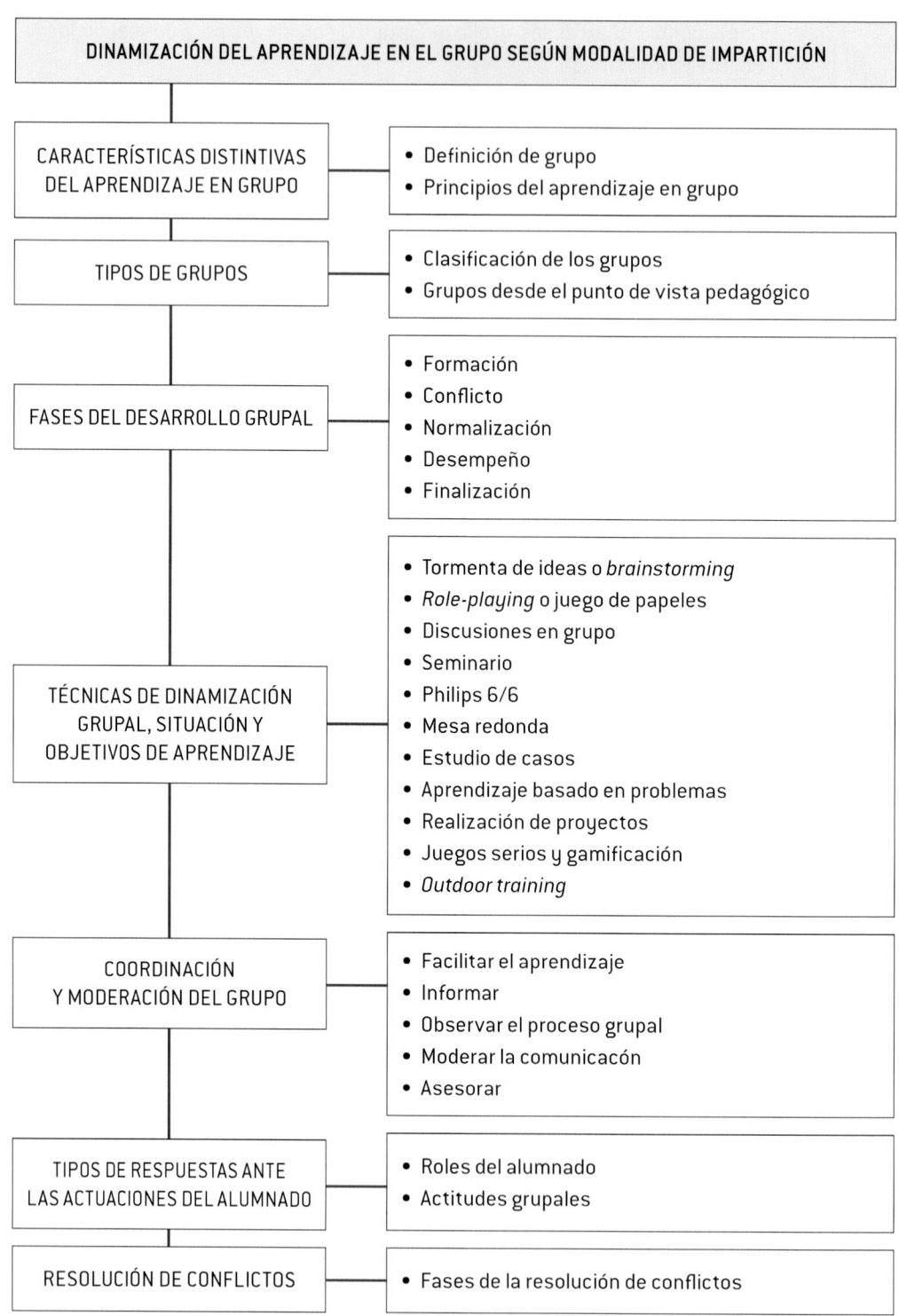

DINAMIZACIÓN DEL APRENDIZAJE EN EL GRUPO SEGÚN MODALIDAD DE IMPARTICIÓN

CARACTERÍSTICAS DISTINTIVAS DEL APRENDIZAJE EN GRUPO
- Definición de grupo
- Principios del aprendizaje en grupo

TIPOS DE GRUPOS
- Clasificación de los grupos
- Grupos desde el punto de vista pedagógico

FASES DEL DESARROLLO GRUPAL
- Formación
- Conflicto
- Normalización
- Desempeño
- Finalización

TÉCNICAS DE DINAMIZACIÓN GRUPAL, SITUACIÓN Y OBJETIVOS DE APRENDIZAJE
- Tormenta de ideas o *brainstorming*
- *Role-playing* o juego de papeles
- Discusiones en grupo
- Seminario
- Philips 6/6
- Mesa redonda
- Estudio de casos
- Aprendizaje basado en problemas
- Realización de proyectos
- Juegos serios y gamificación
- *Outdoor training*

COORDINACIÓN Y MODERACIÓN DEL GRUPO
- Facilitar el aprendizaje
- Informar
- Observar el proceso grupal
- Moderar la comunicacón
- Asesorar

TIPOS DE RESPUESTAS ANTE LAS ACTUACIONES DEL ALUMNADO
- Roles del alumnado
- Actitudes grupales

RESOLUCIÓN DE CONFLICTOS
- Fases de la resolución de conflictos

AUTOEVALUACIÓN

2.1. Completa las características de un grupo de aprendizaje (respuesta múltiple):

- Una _____(a)_____, que se alcanza a través de la participación.
- Una _____(b)_____, dirigida a satisfacer necesidades colectivas e individuales.
- _____(c)_____ entre los diferentes miembros.
- Una _____(d)_____, para conseguir que comunicarse e intercambiar experiencias y puntos de vista, con el fin de construir el conocimiento.
- Una _____(e)_____, que se traduce en la adopción de diferentes roles por las personas que lo integran.
- Una _____(f)_____, dado que el grupo de aprendizaje tiene una duración determinada en el tiempo.

2.2. ¿A qué corresponde la siguiente definición?

«En el grupo, la suma del esfuerzo conjunto y los conocimientos de todos los miembros es mayor que la suma de esfuerzos y conocimientos individuales».

a) Pereza social.

b) Entropía.

c) Sinergia.

2.3. Algunos de los principios básicos para el aprendizaje en grupo son (respuesta múltiple):

a) Ambiente facilitador.

b) Clima de confianza.

c) Liderazgo único.

d) Rigidez.

2.4. ¿A qué tipo de grupo corresponde la siguiente definición?

«Es el grupo al que una persona desea pertenecer, porque comparte sus objetivos y conductas. Sus miembros no comparten, habitualmente, el mismo espacio durante el mismo tiempo».

a) Primario.

b) Secundario.

c) Pertenencia.

d) Referencia.

2.5. En qué fase del desarrollo grupal el grupo comienza a producir, aunque no llega a su máximo nivel:

a) Normalización.

b) Formación.

c) Desempeño.

d) Producción.

2.6. ¿Qué técnica es la más adecuada para comenzar a romper el hielo en una acción formativa que está en sus inicios?

a) Discusiones en grupo.

b) *Brainstorming.*

c) *Role-playing.*

d) Mesa redonda.

2.7. ¿A qué metodología hace referencia la siguiente definición?

«Se basa en utilizar el juego en sí mismo como un recurso para el aprendizaje. La actividad lúdica se usa para desarrollar determinadas competencias y habilidades en el alumnado. Su finalidad principal no es la diversión, sino el aprendizaje».

a) *Role-playing.*

b) Gamificación.

c) Juegos serios.

d) Simulación.

2.8. ¿Qué herramientas facilitan el trabajo colaborativo en un entorno virtual? (Respuesta múltiple).

a) SCORM.

b) Herramientas de videoconferencia.

c) Chat.

d) Test gamificados.

2.9. ¿Cómo se debe reaccionar ante una persona conflictiva en el aula?

a) Plantearle preguntas difíciles.

b) Reforzar sus respuestas.

c) Pedirle su opinión para tranquilizarle.

d) Cortar sus discusiones con firmeza.

2.10. En la resolución de conflictos, ¿qué técnica puede ser adecuada para plantear una posible solución?

a) *Role-playing.*

b) Análisis del caso.

c) *Brainstorming.*

d) *Outdoor training.*

3. Estrategias metodológicas en la formación profesional para el empleo según modalidad de impartición

Contenido

Objetivos

Objetivo general

Aplicar las habilidades docentes necesarias para desarrollar la impartición de la acción formativa, favoreciendo el proceso de enseñanza-aprendizaje.

Objetivos operativos

- Identificar estrategias didácticas que se pueden utilizar en formación.

- Seleccionar la estrategia metodológica más adecuada en función de los objetivos didácticos planteados y las necesidades del alumnado.

- Identificar cuáles deben ser las habilidades docentes.

- Diseñar una sesión formativa.

- Seleccionar los recursos más adecuados a cada situación de aprendizaje.

- Explicar qué es la simulación docente.

- Identificar las ventajas e inconvenientes de la formación *online*.

- Diseñar un plan de acción tutorial *online*.

En general, en el caso de la educación de personas adultas las metodologías más útiles son las activas y participativas que fomenten el autoaprendizaje y la autoevaluación, por encima de las metodologías expositivas, donde el alumnado juego un papel pasivo.

> Las estrategias metodológicas constituyen el conjunto de técnicas que se aplican en el proceso de enseñanza-aprendizaje con el fin de alcanzar los objetivos formativos. Determinan el papel que juegan el equipo docente y el alumnado, la utilización de los recursos, la secuenciación de contenidos y los tipos de actividades que se llevan a cabo en el desarrollo de una acción formativa.

3.1. Métodos de enseñanza

> Un método pedagógico, o de enseñanza, es el conjunto de técnicas y procedimientos que se aplican a la actividad docente para conseguir los objetivos formativos planteados.

Las estrategias o métodos que se seleccionen para formar personas adultas deben tener presente una serie de principios básicos:

- **Pluralidad metodológica:** es conveniente combinar diferentes estrategias, que se adapten a los diferentes estilos de aprendizaje y que contribuyan a mantener la atención y la asimilación de conocimientos.

- Dar preferencia a las metodologías que faciliten la **participación** del alumnado, tomando como punto de partida sus experiencias y conocimientos previos.

- Una necesaria **visión sociocultural:** tener en cuenta la continua interacción entre la **realidad personal y social** vivida.

- Las líneas metodológicas han de ser **flexibles** y derivar de estrategias **participativas;** deben ser activas y variadas, seleccionando la más conveniente para cada situación de aprendizaje y para cada persona en función de sus características individuales.

La selección de la estrategia depende de determinadas variables:

- **Condiciones subjetivas:**
  - Personalidad del docente.
  - Estilo didáctico, forma de enseñar, de trabajar en el aula.
  - Personalidad del alumnado.

- **Condiciones objetivas:**

  - Situación de formación.
  - Contenidos.
  - Número de alumnos.
  - Ambiente físico.

3.1.1. Clasificación de los métodos de enseñanza

Los métodos didácticos, o de enseñanza, se clasifican a partir de diferentes criterios:

SEGÚN LA FORMA DE RAZONAMIENTO

- **Métodos deductivos:** se basan en el discurso del docente. El alumno construye sus razonamientos a través de la información que recibe del formador. En este proceso, el conocimiento se elabora partiendo de datos generales que se aplican a situaciones concretas.

  Ejemplo: Clase magistral.

- **Métodos inductivos:** este método se apoya en la acción del alumnado, que aprende a través de una actividad que realiza. Al contrario que en el caso anterior, este método parte de situaciones particulares que se extrapolan para adquirir conocimientos generales.

  Ejemplo: Juego de rol.

- **Métodos analógicos:** los conocimientos se adquieren por semejanza entre pares, es decir, se presentan datos concretos con el objetivo de efectuar comparaciones que llevan a una situación concreta.

  Ejemplo: Estudio de casos.

ACTIVIDAD:

Diseña tres situaciones de aprendizajes donde apliques cada uno de estos métodos.

SEGÚN EL TRABAJO DEL ALUMNADO

- **Individual:** las tareas se resuelven de forma personal (por ejemplo, un test de evaluación).

- **Colectivo:** los trabajos y prácticas se llevan a cabo de forma colaborativa, como puede ser el caso de la aplicación de un Philips 6/6.

- **Mixto:** combina el trabajo individual con el colectivo (por ejemplo, la realización de un proyecto conjunto con reparto de tareas).

SEGÚN LA ACTIVIDAD DEL ALUMNADO

- **Métodos pasivos o afirmativos:** el formador es el protagonista, se encarga de transmitir la información hacia el alumnado, establece las metas, la forma de evaluar, etc.

  Ejemplo: Conferencia.

- **Métodos activos o de elaboración:** el alumno es protagonista de su propia formación, realizando actividades prácticas e interviniendo incluso en los procesos de programación y evaluación.

  Ejemplo: Tormenta de ideas.

ACTIVIDAD:

Intenta relacionar las técnicas de dinamización grupal que se han explicado en el punto anterior con los métodos didácticos que hemos expuesto según las diferentes clasificaciones.

3.2. Principios metodológicos

Los principios metodológicos determinan cuáles son los criterios sobre los que se basará la metodología de enseñanza-aprendizaje. En formación de personas adultas, los principios que se deben tener en cuenta para diseñar metodológicamente las acciones formativas son los siguientes:

- La construcción de **aprendizaje significativo**, que conecta sus conocimientos previos con sus intereses y expectativas.

- La **necesidad de aprender**: recordemos que, por normal general, una persona adulta inicia un proceso de formación para cubrir una carencia relacionada con su desarrollo profesional. Si esta necesidad no se satisface, abandonará la formación.

- La **actividad**: todas las metodologías que faciliten el «aprender haciendo» son las que mejor se adaptan a la construcción del aprendizaje significativo.

- La **participación**: esta es otra de las claves metodológicas en la formación de personas adultas. Debe aplicarse en todos los momentos del proceso: planificación, desarrollo y evaluación.

- El **aprendizaje autónomo, o autoaprendizaje,** en el que se ponen a disposición del alumno las herramientas para que aprenda por sí mismo. Sin embargo, hay que tener en cuenta que para que se produzca este tipo de aprendizaje es preciso disponer de una serie de conocimientos previos, de un nivel de partida determinado, así como de cierta competencia digital si estos contenidos se ponen en marcha a través de herramientas tecnológicas.

- El **aprendizaje cooperativo,** es decir, aprender con y de otras personas, compartiendo esfuerzos y experiencias para alcanzar una meta, de forma que el conocimiento se construye en grupo.

- La utilización de los **conocimientos previos** del adulto. Este principio es esencial, dado que es más fácil construir sobre una base inicial, que debe ser conocida por el docente, que empezar desde cero. De esta forma, se facilita el aprendizaje significativo.

- La **horizontalidad**: todo el grupo, tanto el docente como el alumnado, se sitúa al mismo nivel, es decir, se comparten actividades, responsabilidades y compromisos orientados al logro conjunto de los objetivos.

3.3. Estrategias metodológicas

La metodología que más se adapta a las características de la formación continua de adultos es aquella que es **activa y participativa**. La participación de los asistentes supone diversas ventajas para el aprendizaje, tales como:

- Los nuevos conocimientos, habilidades y destrezas se conectan fácilmente con la experiencia personal y el trabajo diario.

Por esta razón, también se recuerdan mejor los hechos y las aplicaciones.

- La participación motiva a las personas a incrementar su esfuerzo para conseguir los objetivos de aprendizaje.

- Los métodos activos permiten alternar momentos de concentración alta con otros de concentración baja.

- Se **aprende a aprender**: se crea un espacio para la reflexión, las preguntas, las explicaciones y los razonamientos.

> «Se puede definir aprender a aprender como el conocimiento y destrezas necesarios para aprender con efectividad en cualquier situación». *Alonso, M. (1995)*

La personas que saben «aprender a aprender»:

- Analizan los errores y los utilizan en su beneficio.
- Son conscientes de sus necesidades de formación.
- Aceptan la responsabilidad de su formación.
- Aprovechan las situaciones de aprendizaje.

Las técnicas participativas se basan en la combinación apropiada de las tres metodologías básicas:

- Métodos explicativos.
- Métodos interrogativos.
- Métodos activos.

3.3.1. Método explicativo

Los métodos explicativos se basan en la exposición de los contenidos por parte del docente o una o varias personas expertas en la materia. La participación de los asistentes es mínima.

Su objetivo es la transmisión de información para que el público la retenga y comprenda. Asimismo, sirven como base para promover procesos de globalización de conocimientos (introducción a un determinado tema, conclusiones, resúmenes...).

La información fluye en un solo sentido: desde el formador hacia los oyentes. El formador hace el papel de emisor, y el destinatario, de receptor.

Para asegurar su éxito, el mensaje debe estructurarse en pasos cortos, que evolucionen de lo sencillo a lo complicado. En todo momento se utilizará un lenguaje sencillo, claro y en consonancia con las capacidades del grupo.

Es recomendable recurrir a varios canales de transmisión de la información, ya que facilita la comprensión del mensaje (transparencias, vídeo, pizarra, información escrita como apoyo a la exposición oral...).

Se trata de un método que favorece el aprendizaje de contenidos conceptuales.

Algunas de las técnicas que se aplican en el método expositivo son:

CONFERENCIA

La conferencia es una exposición oral, cuyo objetivo es facilitar a todos los asistentes la misma información. Se desarrolla ante un grupo de oyentes, pero sin establecer discusión entre ellos. Es una técnica formal. Los temas se estructuran de forma sucesiva, divididos en partes para favorecer su comprensión.

Se utiliza para los siguientes casos:

- Presentar mucha información en poco tiempo.
- Introducir nuevo material de información.
- Hacer conclusiones y resúmenes.
- Aprovechar la experiencia de un experto.
- Conectar diferentes apartados de un mismo tema.
- Explicar materias difíciles.
- Cambiar el ritmo del proceso de enseñanza-aprendizaje.

¿Las conferencias son necesariamente aburridas? La respuesta es no. Seguro que conoces las conferencias TED o TEDtalks. Si quieres inspirarte, entra en su página web y diviértete aprendiendo (TED en español).

MESA REDONDA

Distintas personas, expertas en un tema, exponen ante un grupo sus puntos de vista particulares. Un moderador se encarga de dirigir y coordinar la sesión. Es útil para:

- Ofrecer una visión crítica sobre un tema.
- Ampliar información.
- Estimular los procesos de análisis.

- Potenciar las actitudes de tolerancia mutua.

- Determinar los campos de acuerdo y desacuerdo sobre un tema concreto.

PANEL DE EXPERTOS

Un grupo de personas dialogan entre sí sobre un tema concreto, exponiendo sus puntos de vista particulares. La exposición se lleva a cabo en forma de diálogo ante un grupo.

El panel se diferencia de la mesa redonda y la conferencia en que, aquí, el papel de los expertos no es el de orador, que hace un discurso, sino que dialogan y reflexionan entre ellos. Se puede utilizar para los siguientes casos:

- Abordar un tema de forma complementaria.

- Ejercitar la capacidad de diálogo entre el grupo.

- Introducir temas nuevos.

STORYTELLING

El *storytelling* es el arte de contar una historia con el objetivo **de transmitir una idea o un concepto** (es decir, usar el relato, el «cuento» para transmitir conocimientos).

> «La gente olvidará lo que dijiste, la gente olvidará lo que hiciste, pero la gente nunca olvidará cómo la hiciste sentir». *Maya Angelou*

Pero incluir una buena historia en un curso dirigido a personas adultas también ofrece múltiples ventajas.

¿Cómo aplicar el *storytelling* al *e-learning*?

1. ¿Qué vamos a contar y por qué? Elegir cuidadosamente qué información se quiere transmitir y con qué objetivo.

2. Seleccionar los personajes y el escenario. Los personajes que participen en la historia deben ser coherentes con la finalidad de la misma, aunque no necesariamente realistas (por ejemplo, se pueden utilizar superhéroes y superheroínas).

3. No dejar de lado el aspecto pedagógico. Nuestra historia es el hilo conductor para transmitir al alumnado las competencias que debe alcanzar.

4. Utilizar la narración. Supongamos que estamos creando un curso de prevención de riesgos en la empresa. Los personajes de nuestra historia no

se limitarán a enumerar medidas de prevención o EPI, sino que vivirán situaciones en las que ilustren cuáles son las consecuencias de no utilizar un EPI determinado.

¿Y cómo debe ser esa historia?

- Fácil de recordar.
- Que logre enganchar desde el principio.
- Que tenga un inicio, un desarrollo y un desenlace.
- Que la audiencia se sienta conectada con el relato.

ACTIVIDAD:

¿Conoces otros métodos expositivos diferentes a los dos que se han explicado?

3.3.2. Método interrogativo

Este método consiste en el planteamiento de preguntas entre los participantes. De forma tradicional, es el docente quien pregunta y el alumnado responde.

Otra opción, más eficaz, es que los interrogantes, surgidos de la exposición o visionado de un contenido, sean planteados por cualquiera de los miembros del grupo.

La **ventaja** más evidente de este método es la posibilidad de obtener un **retroalimentación** inmediata a las diferentes cuestiones que se van trabajando en el aula (lo que no ocurre con el método anterior). Facilita, además, los siguientes aspectos en función de quién plantee las preguntas:

- Si las preguntas las plantea el formador al grupo, le permite enfatizar las ideas más relevantes del contenido y recoger información sobre la opinión del alumnado.
- Cuando las preguntas son realizadas por el alumnado, posibilita la aclaración de dudas.

El mayor inconveniente que puede presentar la utilización de esta metodología tiene que ver con el ritmo y la lentitud; con el riesgo de que la comunicación derive hacia temas relacionados pero desviados del contenido que se quiere trabajar o la monopolización de la sesión por parte de alguno de los asistentes.

MODELADO/DEMOSTRACIÓN

A través de esta técnica el docente transmite un contenido (concepto, procedimiento o actitud) a partir de la observación de un modelo de actuación que después se imita. Consiste en que el formador ejecute el procedimiento que se desea que el alumno aprenda, para posteriormente pedir al alumnado que realice el mismo ejercicio.

Su éxito se garantiza si tenemos presentes las siguientes cuestiones:

- Trabajar con un grupo pequeño para que todos puedan ver exactamente qué está haciendo el formador.

- Exponer qué se va a hacer de forma perfectamente organizada, explicando la secuencia de tareas que se van a realizar haciendo hincapié en los aspectos clave.

- Realizar la demostración repitiéndola cuantas veces sea necesario.

- Estar pendientes durante la repetición de qué hace el alumno, para corregir los posibles fallos, evitando que se conviertan en hábitos y reforzar las conductas adecuadas.

- Disminuir gradualmente la ayuda.

Es un método que se ajusta perfectamente a objetivos relacionados con el aprendizaje de un procedimiento o habilidad. El inconveniente que presenta es que deja poco espacio a la creatividad del alumnado, dado que lo que pretende es la reproducción literal de la conducta que se ha mostrado.

Una herramienta muy útil en estos casos es el vídeo. Se graba al participante mientras realiza la práctica, y posteriormente, de forma grupal, se analiza su actuación, buscando qué pasos ha realizado correctamente y cuáles sería preciso mejorar.

3.3.3. Método activo

A través de métodos activos, el alumnado adquiere las competencias derivadas del proceso formativo partiendo de su propia actividad.

Es el alumno, bajo la dirección del docente, quien construye los nuevos conocimientos, investigando, manipulando... Se encuentra en constante actividad
dejando de lado cualquier actitud pasiva.

Su éxito depende de las siguientes orientaciones:

- La experiencia que conducirá a alcanzar los aprendizajes que han de diseñarse de forma correcta.

- El formador adoptará el papel de orientador, de tutor, de guía que supervi-
sa el desarrollo de la actividad.

- Se debe favorecer el contexto para que el grupo adopte actitudes de escucha positiva hacia el resto de compañeros y sus aportaciones, sus descu-
brimientos.

- Es necesario motivar a alumnado para que supere sus temores (especialmente a «estropear») y actúe de forma lo más autónoma posible.

El aprendizaje adquirido gracias a este método suele ser considerado más es-
timulante, por lo que va acompañado de un mayor rendimiento y perdura más
en el tiempo. Los objetivos que pueden adquirirse con esta metodología están
relacionados con las actitudes, principalmente.

El **inconveniente** que supone es que generalmente requieren una gran cantidad de tiempo y, en función de los contenidos, medios o recursos adicionales;
esta dificultad puede ser sorteada a través del diseño de actividades de investigación sencillas.

Cada técnica tiene una utilidad diferente, y debe utilizarse para conseguir
objetivos concretos. Para aplicar correctamente las técnicas de grupo, es
preciso:

1. Eliminar las distancias físicas y las barreras que dificulten la comunicación.

2. Conocer los aspectos teóricos de la dinámica de grupos.

3. Definir claramente el objetivo que se persigue.

4. Lograr un clima cordial, cooperativo y democrático.

5. Fomentar la participación activa de todos los miembros.

6. Tener en cuenta la madurez del grupo, su tamaño, el tiempo y los recursos disponibles.

Este tipo de técnicas ya se han explicado en el apartado 2.4, correspondiente a técnicas de dinamización grupal.

ACTIVIDAD:

¿Recuerdas cuáles eran las técnicas de dinamización grupal que hemos explicado en el apartado mencionado? Intenta realizar una tabla donde recojas las características básicas de las mismas, y para qué actividades concretas, y con qué objetivos, podrías aplicar cada una de ellas.

3.4. Elección de la estrategia metodológica

3.4.1. En función de los resultados de aprendizaje

La selección adecuada de la estrategia de aprendizaje debe tener en cuenta qué tipo de objetivos se debe alcanzar.

Si tenemos en cuenta la taxonomía de Bloom, existen tres niveles diferentes de objetivos en función de su complejidad que, a su vez, se subdividen en seis.

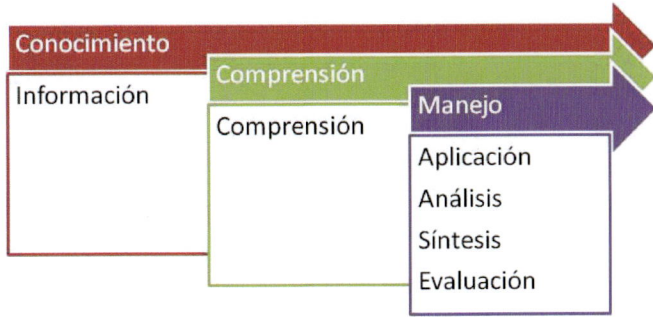

Estos objetivos indican si las competencias que se van a adquirir están dirigidas al campo del saber (conocimiento, comprensión), del saber hacer (habilidades y destrezas) o del saber ser (actitudes).

Por tanto, son la clave para seleccionar la estrategia más adecuada. Veamos cómo:

- Objetivos relacionados con el conocimiento: métodos expositivos, interrogativos y activos.

- Objetivos relacionados la comprensión: métodos interrogativos.

- Objetivos relacionados con el manejo: métodos activos.

En la siguiente tabla se recogen algunos de los **verbos de acción** más habituales que se emplean para establecer los objetivos teniendo en cuenta su ámbito de aplicación y complejidad. La redacción adecuada de los objetivos facilita la selección de la estrategia metodológica.

CONOCIMIENTO	COMPRENSIÓN	APLICACIÓN	ANÁLISIS	SÍNTESIS	EVALUACIÓN
Citar	Argumentar	Aplicar	Analizar	Agrupar	Acordar
Definir	Asociar	Calcular	Abstraer	Clasificar	Apreciar
Describir	Comprobar	Construir	Aislar	Componer	Aprobar
Determinar	Comparar	Comprobar	Calcular	Combinar	Calificar
Diferenciar	Convertir	Demostrar	Contrastar	Concebir	Categorizar
Enumerar	Concretar	Determinar	Criticar	Construir	Comparar
Enunciar	Definir	Diseñar	Comparar	Conceptuar	Concluir
Escribir	Demostrar	Eliminar	Debatir	Crear	Contrastar
Explicar	Ejemplificar	Emplear	Descomponer	Dirigir	Criticar
Exponer	Expresar	Encontrar	Designar	Diseñar	Demostrar
Identificar	Ilustrar	Estructurar	Detallar	Distribuir	Descubrir
Indicar	Interpretar	Manejar	Determinar	Elegir	Decidir
Escribir	Ordenar	Manipular	Desglosar	Escoger	Elegir
Localizar	Organizar	Medir	Detectar	Estimar	Evaluar
Mostrar	Resumir	Modificar	Diferenciar	Esquematizar	Fundamentar
Nombrar	Traducir	Obtener	Dividir	Estructurar	Integrar
Reconocer	Transformar	Operar	Especificar	Explicar	Justificar
Repetir		Organizar	Examinar	Exponer	Medir
Reproducir		Practicar	Experimentar	Formular	Modificar
Seleccionar		Preparar	Ilustrar	Fundamentar	Probar
Señalar		Producir	Omitir	Generar	Revisar
		Relacionar	Relacionar	Justificar	Seleccionar
		Representar	Seleccionar	Medir	Sustentar
		Resolver	Separar	Modificar	Valorar
		Trazar		Organizar	Verificar
		Utilizar		Producir	
				Programar	
				Proyectar	
				Reconstruir	
				Reorganizar	
				Reparar	
				Verificar	

Algunos verbos se repiten en las diferentes categorías, la redacción total del objetivo indicará qué conducta se va a conseguir. Es muy importante recordar que los verbos que se utilicen describirán una conducta medible, observable, alcanzable y evaluable.

ACTIVIDAD:

Con la ayuda de la tabla anterior, redacta tres objetivos que hagan referencia al ámbito del:

1. Conocimiento.
2. Comprensión.
3. Manejo.

Y describe qué estrategia metodológica utilizarás para alcanzar cada uno de ellos.

ACTIVIDAD:

Diseña dos actividades basadas en dos estrategias metodológicas diferentes. Por ejemplo:

- Tormenta de ideas (o cualquiera de sus variantes).
- Juegos serios.
- Simulación.
- *Role-playing*.

Para cada una de ellas, debes especificar:

- En qué consiste.
- Qué objetivos persigue.
- Cómo se desarrollará.
- Cómo se evaluará.

3.4.2. En función del grupo de aprendizaje

El conocimiento del grupo destinatario es básico para poder aplicar las técnicas de formación más adecuadas. Habitualmente, el docente no tiene demasiada información acerca del grupo antes del inicio de la acción formativa (posiblemente, únicamente la relacionada con su nivel de conocimientos previos), pero debe ser capaz de analizarlo a medida que transcurre el proceso de formación para aplicar, en cada momento, la técnica más adecuada.

En este análisis, obtendrá datos referentes a:

- Nivel de **conocimientos, destrezas y actitudes** de cada participante.

- Condiciones personales (experiencia laboral, titulaciones...).

- Rasgos de personalidad, que permitirán anticipar la actitud de cada persona en el aula.

Cuando se trabaja con grupos con un bajo nivel formativo, al inicio de la acción formativa suele ser adecuado primar los métodos expositivo e interrogativo. Sin embargo, a medida que el grupo va cohesionándose y adquiriendo más conocimientos, deben integrarse, paulatinamente, los métodos activos, que permitirán el desarrollo tanto de habilidades como de actitudes positivas hacia el aprendizaje.

> Es preciso recordar en todo momento que la persona adulta necesita sentirse el protagonista de su propia formación e, independientemente de su nivel formativo, está acostumbrada a tomar decisiones y asumir responsabilidades. Por tanto, las técnicas activas y participativas son las que mejor se adaptan a sus rasgos de personalidad.

3.4.3. En función de los contenidos

Los contenidos que se trabajen a lo largo de una acción formativa deben responder a los **requerimientos de la ocupación** para la que se está formando al alumnado. Estos contenidos, al igual que los objetivos, están relacionados con el ámbito tanto del conocimiento como de las destrezas y aptitudes.

Por tanto, el docente debe analizar cuáles son las competencias que se deben adquirir, así como el grado de realización requerido que habremos reflejado en los objetivos. En función de las mismas, seleccionará los contenidos y las estrategias que se van a movilizar.

> Estos contenidos se relacionan íntimamente con los objetivos de la acción formativa. Por tanto, se puede deducir que las estrategias didácticas en función de los contenidos deben ser las apropiadas para los objetivos que deben alcanzar.

Contenidos teóricos (saber)	
• Métodos afirmativos (expositivo e interrogativo)	

Contenidos prácticos (saber hacer)	
• Métodos afirmativos (modelado/demostración, principalmente) • Métodos deductivos	

Contenidos actitudinales (saber ser)	
• Métodos deductivos (juegos de rol, representaciones, etc.)	

3.4.4. En función de los recursos

Los recursos disponibles para desarrollar una acción formativa deben ser acordes con las competencias que se van a desarrollar. Así, si estamos impartiendo un curso de electricidad, es básico contar con todos los elementos necesarios para llevar a cabo las prácticas del mismo.

Una de las funciones del docente es la de solicitar todos los recursos necesarios para impartir la formación y revisar que dispone de ellos antes del inicio del curso y de cada sesión formativa.

Además, los materiales básicos para el desarrollo de la ocupación para la que se están formando los alumnos, la selección de la estrategia formativa puede verse condicionada por la disposición o no de determinados elementos en el aula, como pueden ser:

- Vídeo, para la grabación de simulaciones y posterior visualización.

- Ordenador y proyector, para apoyar métodos explicativos.

- Pizarra y papelógrafo, como base de los métodos explicativos e interrogativos.

- Audio y posibilidad de grabación, sobre todo si se trabajan habilidades lingüísticas o de comunicación.

3.4.5. En función de la organización

El contexto donde tiene lugar el desarrollo de la acción formativa es clave para la selección de la estrategia didáctica. El espacio disponible, la duración de las sesiones, los medios… influirán en el proceso formativo.

Además, las estrategias utilizadas son diferentes cuando hablamos de formación presencial, mixta o teleformación.

- En **formación presencial,** es posible aplicar todas las estrategias desarrolladas con anterioridad, en función del resto de factores que se han explicado.

- En **formación** *online,* la función de información (método explicativo) recae sobre el material didáctico, por lo que se debe optar por métodos interrogativos y activos, seleccionado aquellos elementos técnicos que lo permitan.

3.5. Habilidades docentes

El docente es la persona experta en el área de conocimientos y habilidades que va a impartir. Planifica, junto con la coordinación, las acciones de formación y es el responsable final del resultado alcanzado por el alumnado.

> **ACTIVIDAD:**
>
> ¿Qué características recuerdas de las y los mejores docentes que hayas tenido?
> ¿Y cuáles de los peores?

3.5.1. Características

El docente debe tener tres competencias básicas:

Técnica	Sus conocimientos y habilidades deben estar actualizados y avalados por la experiencia profesional de la materia que imparte.
Pedagógica	Conocer cómo se desarrolla el proceso de enseñanza-aprendizaje en personas adultas y aplicar las técnicas didácticas adecuadas a cada situación, grupo, contenido, etc.
Social	Es capaz de comunicar adecuadamente, conseguir la integración del grupo, resolver situaciones conflictivas y adaptarse a diferentes situaciones.

Estas competencias se movilizan a través de la combinación de una serie de habilidades que todo docente debe tener.

HABILIDADES GENERALES

El docente transmite conocimientos (enseña), apoya y facilita el aprendizaje del alumnado.

- Capacidad de análisis y resolución de problemas.
- Capacidad para motivar y despertar el interés del grupo.
- Capacidad de analizar y diagnosticar necesidades formativas.
- Capacidad para integrar y ser elemento integrante del grupo.
- Capacidad para formar, instruir, apoyar el desarrollo del grupo.
- Capacidad de comunicación.
- Capacidad para presentar alternativas.
- Capacidad de toma de decisiones.

MÉTODOS Y TÉCNICAS DE ENSEÑANZA

El formador debe conocer y manejar las diferentes técnicas y estrategias didácticas, y utilizarlas en función de los objetivos que debe alcanzar, el grupo destinatario y los recursos disponibles.

ACTITUDES PERSONALES

Además de dominar la materia, conocer las técnicas pedagógicas y ser capaz de comunicarse adecuadamente, un formador debe desarrollar determinadas destrezas básicas para que el proceso de enseñanza-aprendizaje se desenvuelva con la mayor efectividad posible:

Algunas de estas destrezas son:

- Capacidad de liderazgo para dirigir al grupo.
- Habilidades de negociación con el fin de solucionar conflictos.
- Crítica constructiva.
- Autoestima: el docente debe tener una buena imagen de sí mismo.
- Entusiasmo, que es la clave de la motivación del alumnado.
- Creatividad, para propiciar la participación y proponer ideas innovadoras.
- Buen humor, para utilizarlo en situaciones difíciles, distender el ambiente o extrapolar conceptos a situaciones anecdóticas.

ACTIVIDAD:

Realiza un autoanálisis de tus habilidades y actitudes como docente, con el fin de identificar aquellas debilidades que necesites potenciar.

3.5.2. Sensibilización como técnica introductoria

La sensibilización o inducción es la habilidad del docente para captar la atención del alumno y dirigirlo hacia la actividad que se va a iniciar. Es decir, mediante la inducción, el alumnado debe olvidarse de lo que estaba haciendo y centrarse en una nueva tarea.

- La sensibilización presenta la primera idea sobre un nuevo tema.

- Crea expectación.

- Debe proporcionar una visión de conjunto de la nueva actividad, creando un marco de referencia para desarrollar la actividad.

- Puede ser **verbal**, cuando el docente introduce el tema de forma oral, mediante ejemplos, preguntas, etc., o **material**, si se presenta al emplear recursos didácticos que capten el interés.

Algunas técnicas de sensibilización son:

- Iniciar un tema con una anécdota.

- Contar una historia que contextualice la nueva actividad, por ejemplo, utilizando la técnica del *storytelling*.

- Realizar una actividad grupal.

- Lanzar preguntas el grupo.

3.5.3. Variación de estímulos

El objetivo de la variación de estímulos es evitar la monotonía, el aburrimiento y la pérdida de interés, así como crear situaciones que estimulen la actividad del alumno.

Recordemos que la atención de una persona está relacionada directamente con la percepción. Cuantos más canales sensoriales participen en la percepción de un estímulo, mayor será la atención que se dirige hacia un tema determinado.

Algunas de las técnicas o recursos que el docente utiliza para atraer la atención del alumnado son:

- **Moverse** por el aula y apuntar el movimiento hacia una persona determinada son gestos clave para mantener atentos a los alumnos, siempre cuando este movimiento no sea demasiado artificial o brusco.

- **Focalizar**, es decir, dirigir la atención hacia un punto determinado del tema que se está tratando.

- **Interactuar**, conseguir que el alumno participe, que pregunte, discuta, aporte su punto de vista, etc.

- Utilizar varios **canales sensoriales**, tales como la vista (por ejemplo, con el apoyo de transparencias) y el oído.

- Manejar adecuadamente **la voz**: las pausas, variar la entonación, el ritmo de la conversación, etc.

ACTIVIDAD:

La docente está explicando diferentes técnicas de dinamización grupal apoyándose en transparencias. Tras tres horas de formación, el grupo está cansado y algunas personas lanzan mensajes claros de aburrimiento. ¿Qué puede hacer la formadora?

Nota: Mi profesora de Latín lanzaba un libro de golpe al suelo cuando nos estábamos durmiendo; no sé si es la mejor opción, pero al menos nos espabilaba.

3.5.4. Integración de conocimientos

La **integración de conocimientos** es la habilidad del docente para conectar los nuevos conceptos con los que ya se han explicado anteriormente, o con la experiencia del alumno, de forma que sea posible construir un aprendizaje significativo.

Algunas técnicas para la integración de conocimientos son:

- Crear un **mapa conceptual**, donde se relacionen visualmente todos los contenidos que se van a tratar a lo largo del curso. De esta forma, el alumno tiene una visión global de la formación que va a recibir.

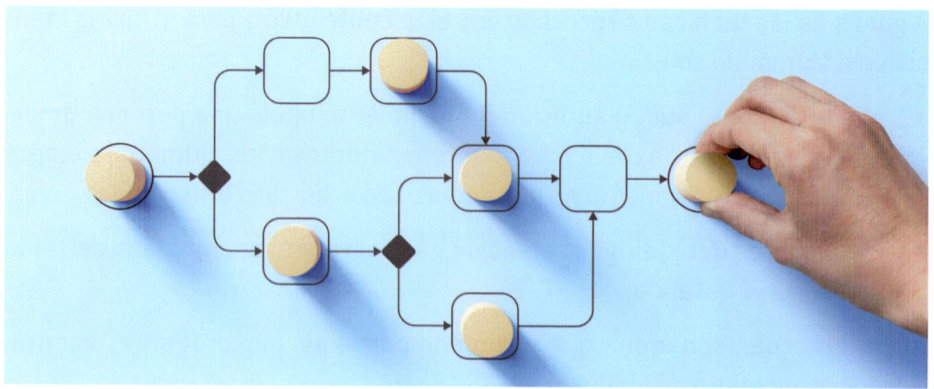

Figura 3.1. Mapa conceptual.

- Antes de iniciar un nuevo tema, resumir los puntos clave del anterior.

- Establecer los enlaces precisos entre cada concepto, los anteriores y los posteriores.

- Preguntar al grupo cuáles son sus conocimientos acerca del nuevo tema y sus aplicaciones prácticas.

- **Contextualizar** los contenidos con la realidad, mediante ejemplos, prácticas, etc.

- **Enumerar los objetivos** que se están alcanzando, relacionándolos entre sí y con el objetivo final.

- Al finalizar un tema, realizar un **resumen** del mismo y enlazarlo con el siguiente.

ACTIVIDAD:

¿Cómo crees que se relaciona la integración de conocimientos con las características del aprendizaje adulto?

3.5.5. Comunicación no verbal

Recordemos que la comunicación no verbal constituye aproximadamente el 55 % del mensaje que desea transmitir.

Si los gestos que acompañan a un mensaje no son acordes con los contenidos del mismo, el receptor hará más caso a la comunicación no verbal que a las palabras.

Elementos de un mensaje

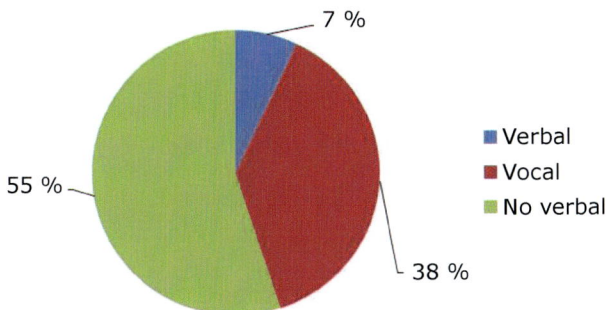

A través de la comunicación no verbal:

- Se comunican actitudes y emociones.

- Se obtiene retroalimentación.

- Se afirma o desmiente lo que se dice verbalmente.

- Se capta la atención del alumnado.

Si bien la comunicación no verbal se produce de forma inconsciente, el formador debe entrenarse para utilizarla adecuadamente.

Es importante recordar el significado de algunos gestos y miradas, y utilizarlos de forma precisa para dar y recibir retroalimentación. En la siguiente tabla se recoge la interpretación de algunas expresiones y movimientos habituales.

Gesto	Significado
Sonrisa	Aprobación
Mirada directa	Identificación con el interlocutor
Mirada huidiza o baja	Falta de motivación o baja autoestima
Cejas fruncidas	El mensaje no se ha entendido o no se acepta
Movimiento negativo de la cabeza	
Apoyar la mano en la barbilla	Aburrimiento Cansancio
Jugar con un bolígrafo u otro objeto	Distracción Nerviosismo
Brazos o piernas cruzados	No se acepta el mensaje. Postura cerrada
Postura erguida, natural	Confianza
Movimientos pausados	Tranquilidad, seguridad

Revisa las claves de la comunicación no verbal que se trataron en la primera unidad. Por ejemplo:

- El gesto de tapar la boca al hablar denota falta de sinceridad. Si se la tapa el receptor, nos está indicando que no nos cree.

- La falta de gestos indica rigidez e inseguridad.

- La gesticulación excesiva denota nerviosismo.

- Los gestos breves suelen ser sinceros.

- Los gestos estudiados duran más tiempo e indican inseguridad.

- Cuando se sintoniza con el interlocutor se tiende a imitar sus gestos y posturas.

El docente debe adoptar posturas abiertas para facilitar la emisión del mensaje, respetar el espacio personal del resto de participantes, evitar posturas agresivas, utilizar la sonrisa adecuadamente y hacer pausas para remarcar los aspectos clave de la información.

3.5.6. Refuerzo, motivación y participación

En el desarrollo de una acción formativa es preciso utilizar todo tipo de **refuerzos** que animen al alumno o le ayuden a cambiar su actitud. Su objetivo es apoyar, modificar o corregir una determinada conducta y evitar que se reproduzca en el futuro.

La motivación y la participación del alumnado pueden reforzarse con incentivos o estímulos externos que pueden ser:

- **Positivos**: las alabanzas, los comentarios (excelente, muy bien) gestos (sonrisas, movimientos afirmativos de cabeza…).

- **Negativos**: las represiones, los comentarios críticos, gestos de enfado, duda…

Tan peligroso es abusar de los refuerzos (positivos o negativos) como no incluirlos en la actividad docente.

La norma general para que el refuerzo tenga el efecto que se espera de él es la siguiente:

- Los elogios, alabanzas y reconocimientos deben efectuarse públicamente.

- Las críticas hacia una actitud determinada se realizarán de forma privada, mediante una conversación cordial en la medida de lo posible.

3.5.7. Secuencialidad

Los contenidos que integran una acción formativa deben estructurarse de una forma lógica y ordenada.

Para que la secuencia de contenidos sea la adecuada, es preciso:

- Presentar en primer lugar el contenido completo del tema que se va a tratar.

- Dividir la materia en pequeñas secuencias con contenido propio.

- Enumerar los objetivos operativos que se deben alcanzar.

- Comenzar con los conceptos más sencillos.

- Conectar cada contenido con lo que ya se conoce.

- Trabajar antes aspectos concretos para después poder extrapolarlos hacia conceptos abstractos.

- Evitar realizar comentarios o actividades que distraigan al grupo, que no estén conectadas con la materia que se está trabajando.

- Eliminar los comentarios o discusiones ajenas al tema tratado.

3.5.8. Control de la comprensión

Comprobar que el alumno está comprendiendo y asimilando los conocimientos que se están transmitiendo es clave en el proceso de enseñanza-aprendizaje.

Este control de la comprensión se realiza utilizando la **retroalimentación** y la **evaluación continua**, herramientas clave para medir el grado de consecución de los objetivos del curso.

El formador debe movilizar esta habilidad mediante las siguientes técnicas:

- **Preguntar,** ya sea mediante cuestiones abiertas o cerradas.

- **Observar** en todo momento la actitud del grupo.

- Proponer **actividades prácticas** que demuestren que se están alcanzando los objetivos.

- Realizar **evaluaciones periódicas**, más o menos formales en función de la situación, para recibir información de la comprensión del alumnado.

Cuando se comprueba que no se están adquiriendo las competencias necesarias, es preciso reconducir la situación y tomar medidas correctivas que faciliten la consecución del objetivo final.

> **ACTIVIDAD:**
>
> ¿Recuerdas qué aspectos debías aplicar para practicar la retroalimentación en el proceso de comunicación y reforzar así la comprensión del mensaje? ¿Podrías enumerarlos?

3.6. Estilos didácticos

Un espacio formativo, físico o virtual, es un entorno donde deben existir unas normas de funcionamiento, establecidas por el docente y compartidas y aceptadas por el alumnado. El estilo que adopte el formador para dirigir el grupo formativo es clave para conseguir los objetivos y conseguir un clima de trabajo agradable.

El docente en el aula puede adoptar diferentes formas de comportamiento ante el alumnado. Aunque existen diferentes clasificaciones, acudiremos a los establecidos por Lippit y White:

- **Estilo autoritario:** el docente es quien dirige en todo momento el proceso de formación, indica qué trabajo se debe realizar y la forma de llevarlo a cabo. Su situación es de autoridad, mientras que el alumno prácticamente no tiene capacidad de decisión.

- **Estilo democrático**: el docente actúa como guía y facilitador del trabajo que se va a realizar, animando al grupo a organizarse y favoreciendo la espontaneidad, la comunicación y la interacción. Negocia con el alumnado cómo se va a desarrollar el trabajo.

- **Estilo «dejar hacer»**: el docente simplemente comunica qué es lo que se debe hacer, indicando el tiempo disponible para llevar a cabo una tarea y dando indicaciones mínimas al grupo. Actúa cuando el grupo le solicita ayuda.

Autoritario	Democrático	Dejar hacer
• Toma todas las decisiones • Es distante con respecto al grupo	• Actúa como un miembro más del grupo • Crea un clima amistoso	• Se mantiene fuera del grupo • Deja las iniciativas a los alumnos

Estos estilos están directamente relacionados con la personalidad del docente, pero el buen formador debe ser capaz de adoptar uno u otro en función de la situación a la que se enfrenta, teniendo en cuenta:

- El tipo de contenidos.

- Los objetivos que se deben alcanzar.

- Los conocimientos previos del alumnado.

- El tamaño del grupo.

- El tiempo para dar el curso.

- Las características de los alumnos.

- El nivel de cohesión del grupo.

> El docente debe ser capaz de combinar adecuadamente los tres estilos en función de las diferentes situaciones que surgen a lo largo de un proceso de formación.

ACTIVIDAD:

Realiza un autoanálisis con el fin de determinar qué estilo didáctico es el que predomina en tu actividad como docente.

3.7. La sesión formativa

3.7.1. Organización de la sesión formativa

Del mismo modo que tiene que existir una programación completa de una acción formativa, el docente debe diseñar y planificar cada sesión formativa.

Este diseño debe incluir:

- Objetivos parciales que se van a alcanzar.

- Contenidos que se van a desarrollar y actividades asociadas a los mismos.

- Temporalización de cada bloque de contenidos y actividades.

- Metodología y estrategias didácticas.

- Recursos necesarios para desarrollar la sesión.

Como apoyo a esta planificación, es muy útil realizar una ficha con la programación de cada sesión, con el fin de ajustar tiempos y de comprobar, una vez finalizada la misma, el grado de cumplimiento de los objetivos y cómo se han alcanzado.

Un modelo de ficha de planificación y seguimiento de una sesión puede ser el siguiente:

Objetivos	<ul><li>Definir el concepto de calidad.</li><li>Relacionar calidad y productividad.</li><li>Explicar las etapas de evolución del control de calidad.</li></ul>	
Contenidos	**Temporización**	**Metodología/estrategia**
Concepto de calidad. Historia de la calidad. Calidad y productividad.	60'	Explicativa e interrogativa. Preguntas clave.
Características de la calidad.	60'	Activa. Estudio de un caso en pequeños grupos. Exposición del resto del alumnado.
Recursos	<ul><li>Pizarra.</li><li>Proyector.</li><li>Ordenador con conexión a internet.</li><li>Altavoces.</li><li>Selección de vídeos.</li></ul>	

Otro modelo de ficha que se puede utilizar sería el que se muestra a continuación:

ESQUEMA DE UNA SESIÓN FORMATIVA	
Presentación-Introducción	
Resumen de la sesión anterior	
Exposición de los objetivos	
Desarrollo de la clase	
1	Contenidos
2	Recursos
3	Metodología
Síntesis y evaluación	
Presentación de la sesión siguiente	

ACTIVIDAD:

Debes realizar una exposición de treinta minutos acerca de los elementos del proceso de comunicación. Desarrolla la ficha didáctica de la sesión.

3.7.2. La exposición didáctica: requisitos y características

La exposición didáctica es la técnica en la que se apoya el docente para presentar al alumnado un nuevo tema. Se basa en el método explicativo y es la forma más fácil y rápida de presentar la información, aunque no necesariamente la más afectiva.

Los pasos que se deben tener en cuenta a la hora de efectuar una exposición didáctica son:

- Realizar una introducción, que incluya los objetivos y contenidos que se van a desarrollar y su conexión con lo que ya conoce el alumno.

- Desarrollar la presentación.

- Resumir lo que se ha explicado, extrayendo las conclusiones necesarias.

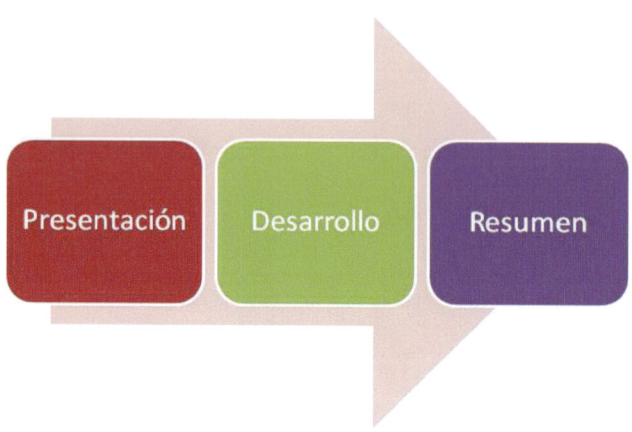

NORMAS PARA REALIZAR UNA EXPOSICIÓN DIDÁCTICA

- Prepararla con anterioridad, determinando los objetivos y realizando un esquema de lo que se va a explicar.

- Establecer el tiempo durante el cual se va a hablar, evitando exposiciones muy largas, que aburrirán al grupo y distraerán su atención.

- Explicar al grupo cuál es el tema que se va a tratar y qué objetivos se deben alcanzar.

- Apoyarse en los recursos adecuados, aplicando las habilidades de variación de estímulos, motivación, etc.

- Adecuar el discurso al nivel formativo del alumnado.

- Utilizar adecuadamente el lenguaje verbal y no verbal. Hablar de forma pausada, utilizar los silencios, cambiar la entonación de la voz, etc.

- Intercalar preguntas para comprobar si el grado de comprensión es el adecuado y para buscar la participación del alumnado.

- Resumir los conceptos que se están explicando.

Una variante de esta técnica es la situación en la que el alumno actúa como docente, explica al resto un tema determinado que ha preparado con anterioridad.

Las ventajas de la exposición didáctica son:

- Permite explicar contenidos amplios en un tiempo relativamente corto.

- Si es el alumno quien realiza la exposición, facilita la mejora de las habilidades de comunicación.

- Es muy útil para transmitir información a grupos grandes.

- El gran inconveniente de la exposición didáctica es evidente: la participación del alumnado es mínima, por lo que la asimilación de contenidos puede ser incompleta.

3.7.3. Preparación y desarrollo de una sesión formativa

PREPARACIÓN

Para que una sesión formativa se desarrolle con éxito, es precisa una preparación previa de la misma, teniendo como puntos de partida una serie de preguntas que el docente debe plantarse.

- **¿Qué?** Los contenidos que se van a impartir.

- **¿Para qué?** Los objetivos que se deben alcanzar.

- **¿Cuánto?** Cuál es la distribución de la carga teórica y la práctica, y cuál es el tiempo disponible.

- **¿Cuándo?** Horario.

- **¿A quién?** Grupo de alumnos, características.

- **¿Cómo?** Estrategia metodológica que se va a aplicar.

- **¿Con qué?** Recursos con los que cuenta para llevar a cabo la acción formativa.

Como norma general, el docente tomará como base la ficha con la programación que ha realizado previamente.

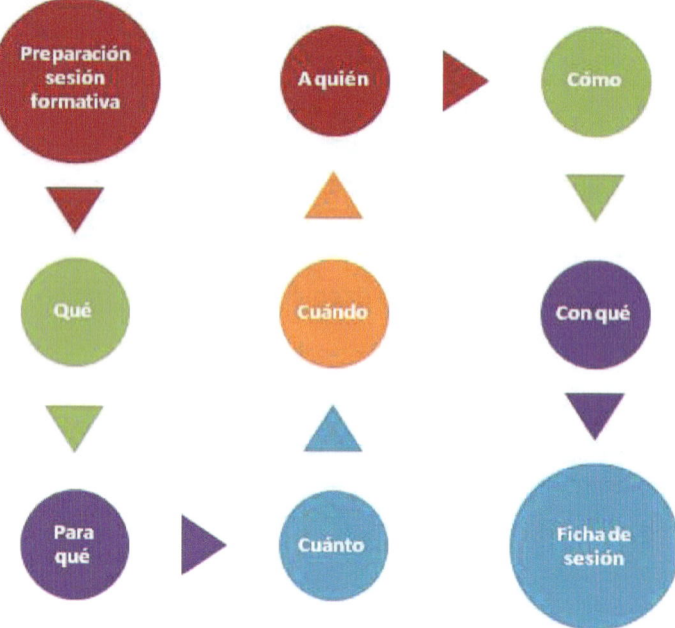

Para evitar en lo posible los imprevistos, el docente, aunque tenga mucha experiencia, debe realizar una serie de acciones básicas antes del inicio de una sesión formativa.

- Seleccionar los contenidos en función de los objetivos que se pretendan alcanzar.

- Asegurarse de que domina los contenidos.

- Estructurar la sesión formativa, secuenciando los contenidos que se van a transmitir.

- Identificar la estrategia metodológica general que mejor se adapta a la sesión.

- Preparar las actividades, prácticas y dinámicas que se aplicarán en el aula.

- Elaborar el material de apoyo que va a utilizar.

- Y por último, pero no menos importante, comprobar que dispone de todos los recursos necesarios para llevar a cabo la sesión.

A continuación, se explicarán cuáles son las fases de una sesión formativa y las acciones que se deberían realizar en cada una de ellas.

INICIO

Si se trata de la **primera sesión** de la acción formativa, es muy importante que esta toma de contacto inicial ponga las bases para desarrollar con éxito el resto del curso.

- Presentación del docente.

- Presentación del alumnado entre sí: puede llevarse a cabo aplicando diferentes técnicas. La más utilizada es la **presentación por pares**: dos personas se presentan entre ellas y, a continuación, hacen la descripción de la otra al grupo.

  Aunque esta es una técnica muy útil para romper el hielo, puede generar nerviosismo en algunas personas, por lo que, en función de la situación, el formador puede optar por la presentación «tradicional».

- **Expectativas**: cada persona debería explicar al resto o, al menos escribir en un papel, cuáles son las razones por las que va a recibir formación, qué espera alcanzar al finalizarla.

- Presentación de los **objetivos**. Si bien suelen ser conocidos por el alumnado antes del inicio de la acción, es conveniente recordar qué se va a conseguir a lo largo de la acción formativa.

> Los objetivos del curso constituyen el **contrato** que establecen el docente y la institución que lleva a cabo la formación. Deben ser realistas, medibles y alcanzables, y son el punto de partida para desarrollar los contenidos, actividades, prácticas, evaluación, etc.

- Presentación de los contenidos: estructura del curso en módulos, relación de los contenidos con los objetivos, tiempo disponible para cada bloque, actividades que se van a desarrollar, etc.

- Proceso de evaluación: es muy importante para el alumno que conozca cómo se va a realizar el proceso de evaluación de las competencias adquiridas en el curso: autoevaluación, evaluación grupal, pruebas teóricas, prácticas, etc.

En el resto de sesiones de la acción formativa, sigue siendo necesario considerar la fase de inicio como un momento clave del desarrollo de la jornada:

- Resumir los temas tratados con anterioridad, conectando de esta forma los nuevos contenidos con los que ya se han impartido.

- A continuación, se exponen los objetivos operativos que se pretenden alcanzar a lo largo de la sesión formativa, y la planificación de la misma.

- Atraer la atención del alumnado hacia los puntos centrales de los contenidos. Una buena técnica es plantear una serie de **preguntas clave**, que se pueden escribir en el papelógrafo u otro soporte que no se vaya a borrar. Una vez finalizada la sesión, se pedirá a los participantes que las contesten.

DESARROLLO

Durante el desarrollo de la sesión formativa, se combinarán adecuadamente las diferentes estrategias metodológicas (explicativa, interrogativa y activa) en función de los objetivos que se deban alcanzar y de las características del alumnado.

Lo más habitual suele ser emplear el método explicativo para comenzar a desarrollar un tema, apoyándose en los medios didácticos necesarios para, posteriormente, otorgar un papel más activo del alumno a través de otras metodologías.

Si bien este es el método tradicional, también es posible «invertirlo», es decir, comenzar un tema con metodologías participativas (estudio de un caso, por ejemplo) para después extraer las conclusiones de las prácticas realizadas y, de este modo, plantear los hechos teóricos.

A lo largo de la sesión es imprescindible controlar el nivel de comprensión de los contenidos que se transmiten, ya sea a través de retroalimentación directa o forzándola mediante preguntas.

Finalmente, es preciso evaluar de forma continua la actuación del alumno de forma individual y grupal. Así, es posible detectar a tiempo posibles problemas y solucionarlos.

FINALIZACIÓN

Ahora es el momento de **contestar las preguntas** clave que se han planteado al inicio, con el fin de comprobar que se han alcanzado los objetivos previstos.

A continuación, se realizará un **resumen de la actividad**, estableciendo la conexión con las sesiones anteriores y posteriores. Una práctica interesante es que, cada día, un participante realice el resumen de la sesión.

En el caso de que se trate de la última sesión del curso, esta vuelve a ser una fase clave para:

- Comprobar si se han cumplido las expectativas del alumnado.
- Recordar los objetivos del curso y solicitar retroalimentación sobre su grado de cumplimiento desde el punto de vista del alumno.
- Agradecer al alumno la asistencia, interés, aportaciones, etc.

- Evaluar el programa mediante cuestionarios en los que se mide el grado de satisfacción del alumnado con respecto a:

  1. Actuación del docente.
  2. Metodología.
  3. Aula física o entorno virtual.
  4. Organización.
  5. Medios y materiales.

Esta evaluación no debe realizarse únicamente al finalizar el curso, sino al menos al finalizar cada módulo o unidad formativa.

- Despedirse y ponerse a disposición del alumno para ayudarle a resolver posibles dudas posteriores.

Figura 3.2. Finalización de la acción formativa.

Consejos para desarrollar con éxito una sesión formativa

- Prepara en profundidad los contenidos que vas a impartir.
- Cuida la comunicación y adapta las palabras que utilices al grupo destinario.
- Respeta los horarios de inicio y finalización. Solicita al alumnado que haga lo mismo.
- Revisa los recursos disponibles, el aula… y ten a mano todo lo que necesites.
- Da y pide retroalimentación continua.
- Y recuerda: **tú no eres el protagonista, es el alumno.** Debe ser partícipe en todo momento de su formación, nunca un espectador pasivo.

3.7.4. Utilización de los materiales, medios y recursos

Los recursos didácticos son instrumentos de apoyo y refuerzo al proceso de enseñanza del formador y de aprendizaje del alumno, que:

- Ofrecen al alumno oportunidades de aprender algo a través de su manipulación, observación o lectura; o que intervenga en el desarrollo de alguna función de la enseñanza.

- Ayudan al formador a tomar decisiones sobre el proceso, a desarrollar el taller y la evaluación pertinente.

Su elección depende de varias cuestiones como los objetivos que persigamos, los contenidos que trabajemos para alcanzar dichos objetivos, las condiciones del aula, la duración total del taller, el presupuesto. Además de estos factores, deberemos tener en cuenta algunos criterios básicos:

- Que exista **material disponible**, o en su caso, conseguirlo. Aunque parezca una obviedad, la práctica docente nos ha mostrado que no hay que olvidar eso.

- Que se disponga de **suficiente material** para trabajar con todo el grupo.

- Que los alumnos dispongan de material para trabajar **individualmente**, si es el caso.

- Que el material **sea accesible** (no solo de hecho) **pedagógicamente**. De poco servirá un material sofisticado y que sea extraordinariamente complejo de utilizar por parte de los alumnos.

- Que posibiliten la **participación activa** del alumnado. De hecho, por ejemplo, la utilización de presentaciones en PowerPoint puede dar lugar a una escasa participación del alumnado, a no ser que esas actividades sean debidamente programadas, insistiendo en un visionado activo con preguntas al formador y debate entre los compañeros.

- Que demuestren la **conexión con la realidad**. Uno de los condicionantes del éxito de nuestra actuación es la vinculación de los contenidos con la realidad del alumnado.

- Hay que evitar que signifiquen un **derroche innecesario**. Los más económicos, si sirven, serán preferibles a los menos.

- Es necesario tener presentes los contenidos que se van a desarrollar, para cerciorarnos de que exista correspondencia entre esos **recursos** y los **objetivos** que nos proponemos alcanzar.

En las siguientes tablas, se resumen los diferentes recursos que puede utilizar el docente en el aula y sus ventajas e inconvenientes, así como los consejos de aplicación en el aula.

PIZARRA

La pizarra es el recurso que más suele utilizar el docente para impartir formación, si bien en algunos casos está siendo desplazada por el proyector.

Ventajas	Inconvenientes	Consejos de uso
Económica. Utilización sencilla. Permite modificar lo que se ha escrito o dibujado.	Lentitud. Rompe el contacto visual con el alumno.	Mantenerla limpia para evitar distracciones. Escribir frases cortas o conceptos fundamentales.

PAPELÓGRAFO

El papelógrafo, o rotafolio, es un complemento muy interesante a la pizarra. Consiste en una serie de folios gigantes, en los que anotaremos todo aquello que debe permanecer o tengamos que recuperar en un momento determinado: compromisos, acuerdos, objetivos…

Ventajas	Inconvenientes	Consejos de uso
Puede prepararse previamente. Permite su reutilización.	No se puede modificar lo escrito. Puede resultar un tanto incómodo.	Plantear los objetivos de la sesión. Escribir las preguntas clave. Anotar los acuerdos alcanzados.

Actualmente disponemos de medios digitales que nos permiten sustituir estos papelógrafos por lienzos, esquemas, dibujos… que podemos compartir con el alumnado y sobre los que pueden interactuar.

PROYECTOR/TRANSPARENCIAS

En los últimos años, es el gran protagonista en el aula, quitando a veces protagonismo al formador, dado que se suele abusar bastante de este medio. Sin embargo, es un gran aliado, dado que tiene una gran versatilidad y permite mostrar desde simples conceptos hasta simuladores, vídeos, el escritorio del docente, etc.

Ventajas	Inconvenientes	Consejos de uso
Puede prepararse previamente. Permite el contacto visual.	Necesidad de un lugar para proyectar. Pueden surgir problemas técnicos.	No abusar, utilizarlo para presentar ideas clave que posteriormente se desarrollarán a través de otros medios. Respetar las reglas para crear transparencias: sencillas, fondos claros, legibles, etc.

Hoy en día cada vez es más habitual la utilización de la **pizarra electrónica**, que se utiliza como base para presentaciones, en sustitución de un proyector:

- Si no se conecta al ordenador, se utiliza como una pizarra convencional.

- Permite guardar o imprimir lo que se escribe o dibuja.

- Es posible mover los dibujos o imágenes que se crean (muy útil, por ejemplo, para crear un mapa conceptual en grupo o una actividad de *brainwriting*).

- Si se utiliza a modo de proyector, se puede completar la información que se presenta (sencillamente, anotando sobre la misma).

- Se puede conectar a un equipo de videoconferencia para desarrollar formación telepresencial.

VÍDEO

El vídeo se está introduciendo cada vez más en el aula de formación, siendo casi imprescindible cuando hablamos de formación *online*.

El vídeo en el aula debe utilizarse de forma adecuada, casi exclusivamente con el fin de contextualizar situaciones o mostrar entornos reales de trabajo. Algunos docentes utilizan con exceso este recurso, que puede llegar a cansar al alumno.

Ventajas	Inconvenientes	Consejos de uso
Fácil manejo. Permite introducir un tema y profundizar sobre determinados contextos. Muestra situaciones reales. Es ideal para trabajar con modelos (modelado/ demostración).	Problemas técnicos. Su uso abusivo puede generar aburrimiento.	Revisar previamente el contenido. No debe utilizarse como sustituto del formador.

SIMULADORES

Un simulador en un entorno ficticio (tecnológico, habitualmente) donde el alumno puede interactuar para simular una situación real.

Ventajas	Inconvenientes	Consejos de uso
Permiten reproducir situaciones reales, movilizando las destrezas del alumnado.	Dificultad de uso. Carestía.	Seleccionar el simulador más adecuado para trabajar cada destreza.

OTROS RECURSOS

Además de los mencionados, el docente dispone de infinidad de recursos que pueden ser utilizados en el aula, con la única recomendación de que se elija el más adecuado para cada situación. Algunos de estos recursos son:

- Carteles y murales.

- Folletos.

- Prensa.

- Audio.

- Infografías. Una infografía consiste en una representación que resume, mediante imágenes, gráficos y texto un determinado concepto, tema o proceso. Una de las herramientas más utilizadas para crear infografías es **Canva**. Si aún no la utilizas, visita su página web y comienza a trabajar con este recurso.

ACTIVIDAD:

Completa la ficha de la sesión formativa que has realizado anteriormente con los recursos didácticos que utilizarás en cada parte de la misma.

3.8. La simulación docente

El uso de la simulación constituye un método de enseñanza y de aprendizaje para conseguir que el alumno desarrolle un conjunto de habilidades similares a las que debe poner en práctica en una situación real.

La simulación docente consiste en situar al alumnado en un contexto que imite algún aspecto de la realidad y en crear situaciones a las que tiene que enfrentarse en su vida profesional. Sustituye las experiencias reales por experiencias dirigidas, que reproducen los aspectos importantes de una situación real en un entorno controlado.

La simulación acelera el proceso de aprendizaje, contribuye a elevar su calidad y ayuda a que el alumno se concentre en un objetivo determinado. Se utiliza tanto durante el desarrollo del proceso como en la evaluación.

Durante la enseñanza-aprendizaje, los diferentes tipos de simulación pueden utilizarse para mejorar las técnicas de resolución de problemas, y también para mejorar las facultades psicomotoras y relacionales.

3.8.1. Técnicas de microenseñanza

La microenseñanza consiste en simplificar las condiciones del aula, de forma que el docente se centre, durante un corto periodo de tiempo, en un grupo reducido de alumnos con los que va a trabajar una habilidad en concreto.

Los elementos de la microenseñanza son:

- Preparación: el docente prepara la situación a la que se van a enfrentar los alumnos y selecciona los recursos adecuados.

- Habilidad: se concentra la atención en una habilidad específica.

- Tamaño: se selecciona un grupo reducido de alumnos.

- Duración: se realiza durante un máximo de diez minutos.

- Realización de la práctica.

- Retroalimentación de las acciones realizadas por los alumnos.

- Evaluación de la práctica.

3.8.2. Realización y valoración de simulaciones

Los requisitos básicos para realizar una simulación son los siguientes:

- Explicación de los objetivos y finalidad de la simulación.

- Demostración por parte del docente, que incluya la introducción teórica además de la práctica.

- Realización de la simulación de forma individual o grupal.

- Evaluación de los resultados alcanzados por cada participante.

Ventajas de la simulación:

- Permite el aprendizaje autónomo.

- Obliga al alumno a demostrar lo aprendido y cómo reaccionar ante una determinada situación.

- Durante el ejercicio se obtienen datos realistas.

- Enfrentarse a los resultados de forma similar a cómo tendrá que hacerlo durante su ejercicio profesional.

- Autoevaluarse.

- Acortar los periodos de aprendizaje.

Inconvenientes:

- La simulación imita, pero no reproduce exactamente las situaciones.

- Hay aspectos de la realidad que no se pueden simular.

- Las respuestas del alumno ante una situación simulada no tienen por qué ser las mismas que ante una situación real.

3.9. Utilización del aula virtual

El proceso de enseñanza-aprendizaje en un curso de formación *online* tiene sus características propias, derivadas principalmente de que el grupo no comparte el mismo espacio físico y la comunicación se realiza, casi exclusivamente, a través de medios tecnológicos.

Este tipo de formación tiene sus ventajas e inconvenientes, que es preciso conocer para incrementar la eficiencia del proceso.

3.9.1. Ventajas de la formación *online*

- **Flexibilidad horaria**, el alumno elige dónde y cuándo va a formarse.

- **Globalización:** posibilidad de alcanzar a cualquier colectivo independientemente de su situación geográfica.

- **Facilidad en el acceso a la formación** de colectivos con dificultades.

- **La consecución de objetivos puede ser superior** que en la formación presencial, ya que el alumno «aprende haciendo».

- **Facilita el aprendizaje activo.** Ayuda a «aprender a aprender».

- **Mejora de la calidad del tiempo de aprendizaje.** Ritmo definido por el alumno.

- **Atención y seguimiento constantes** y personalizados.

3.9.2. Inconvenientes de la formación *online* y cómo superarlos

- El alumno necesita una **mayor motivación**, puede sentirse solo:
  - Crear foros de debate entre los participantes.
  - Proponer actividades en grupo.
  - Aportar información complementaria a los contenidos.
  - Estar en contacto permanente con el alumno.

- El alumno puede sentirse **«perdido»**:
  - Objetivos conocidos, claros y medibles.
  - Incluir actividades y ejercicios de autoevaluación, para que el alumnado compruebe que alcanza los objetivos.
  - Ofrecer una guía de estudio (temporalización, consejos de estudio...).

- **Desconocimiento** del medio:
  - Proporcionar un medio alternativo de contacto (teléfono, correo...) para que el alumno pueda comunicarse con una persona que le ayude a resolver posibles problemas.
  - Centro virtual usable y atractivo.
  - Navegabilidad lógica.
  - Incluir recursos de ayuda.

3.9.3. Desarrollo de una acción formativa a través del aula virtual

Para que la acción formativa se desarrolle correctamente, el tutor no debe actuar únicamente como receptor de dudas o corrector de prácticas, sino que es preciso que realice otra serie de acciones (solo, o con ayuda del equipo de teleformación) que faciliten al alumno la consecución de los objetivos.

PRESENTACIÓN

Al inicio de la acción formativa, es conveniente realizar una sesión virtual de presentación donde se expongan, del mismo modo que se haría en formación presencial, cuáles son los objetivos, contenidos y actividades que se van a llevar a cabo a lo largo del proceso.

Además, el alumnado debe disponer, en todo momento, de:

- La temporalización del curso, que indique qué metas parciales tiene que alcanzar y cuándo, y qué debe hacer para conseguirlos.
- Una guía de estudio, con consejos técnicos y pedagógicos acerca del uso de la plataforma y de sus recursos.

Un elemento muy útil en los primeros momentos de un curso *online* es el foro. A través del mismo, se solicitará al grupo que se presente y exponga cuáles son sus expectativas con respecto a la formación que va a recibir.

Otro recurso indispensable en un curso virtual son las **FAQ** (preguntas frecuentes). Se suelen referir a los aspectos técnicos de la plataforma (cómo entrar, recuperar la clave, etc.) y a los organizativos del curso (medios de contacto, tiempos de respuesta) y ayudan al alumnado a saber qué tiene que hacer o a quién tiene que recurrir si tiene algún problema.

Listado de actitudes negativas del alumnado en clase y cómo enfrentarse a ellas.

SEGUIMIENTO FORMATIVO

Aunque el alumno no plantee dudas o no participe activamente en las actividades propuestas, es imprescindible realizar un seguimiento para evitar que abandone la formación y detectar los posibles problemas que pueda tener. Este seguimiento suele realizarse vía correo electrónico o a través del teléfono.

Además, hay que efectuar, de forma puntual, un análisis de la satisfacción del alumnado, con el fin de comprobar que se están cumpliendo sus expectativas iniciales.

SOLUCIÓN DE DUDAS O PROBLEMAS

El alumno puede plantear sus dudas de forma pública, en foros, chats... o bien de forma privada, dirigiéndose al tutor en las direcciones que le haya facilitado al comienzo del curso, del módulo o de la unidad que imparta. Debe ser obligación del docente responderle con la mayor brevedad posible y tratar de solucionar sus problemas, personalmente, si es que puede, o derivándole a otra persona cuando sea necesario.

MANTENIMIENTO DE LA COMUNICACIÓN

La falta de comunicación regular puede provocar sensación de soledad y desconcierto que, en ocasiones, llevan al alumno a abandonar los cursos. Una buena parte del trabajo de tutoría se destina a mantener la comunicación entre los participantes y a crear un ambiente de trabajo cómodo en el que las dificultades que encuentren los participantes para comunicarse disminuyan todo lo posible.

BUSCAR LA RETROALIMENTACIÓN DEL ALUMNO

El docente debe conseguir que el alumno le proporcione una retroalimentación constante de la información que recibe, de las actividades que se le proponen, los instrumentos de la plataforma y, en general, de todos los elementos que componen la acción formativa. Esta retroalimentación solo se consigue si el alumno participa activamente. Para que la participación del alumno/-a no decaiga a lo largo de todo el curso, es necesario que el tutor intervenga diariamente y proponga actividades, temas de discusión y debates, etc.

IDEAS CLAVE TEMA 3

- Un método es el conjunto de técnicas y procedimientos que se aplican a la actividad docente para conseguir los objetivos formativos. El método que se aplique debe tener en cuenta las características del aprendizaje adulto.

- La estrategia metodológica que mejor se adapta a la formación de personas adultas es la activa y participativa. Debe resultar de la combinación adecuada de métodos explicativos, interrogativos y participativos.

- Para seleccionar la estrategia hay que tener en cuenta: los objetivos, el grupo destinatario, los contenidos, los recursos y la organización.

- Las habilidades docentes deben tener una dimensión técnica (conocimiento y experiencia en la materia), pedagógica y social (comunicación, gestión de conflictos, etc.).

- Los estilos didácticos determinan la actuación docente y lo ideal es adaptarlos a cada situación.

- Para impartir una sesión formativa, hay que partir de un diseño previo como base para su desarrollo. Atendiendo a ese diseño, se preparará y desarrollará la sesión. No es conveniente dejar lugar a la improvisación.

- La elección de los materiales y recursos tiene que estar relacionada con los objetivos, contenidos y grupo (así como con su disponibilidad).

- La simulación docente es un método que sustituye las experiencias reales por experiencias dirigidas, que reproducen los aspectos clave de una situación real en un entorno controlado.

- El desarrollo de una acción formativa en modalidad *online* requiere que el equipo de tutorización adopte un papel activo y se ponga al servicio del alumnado para actuar como guía, apoyo y aportar su conocimiento y experiencia.

MAPA CONCEPTUAL

ESTRATEGIAS METODOLÓGICAS EN LA FORMACIÓN PROFESIONAL PARA EL EMPLEO SEGÚN MODALIDAD DE IMPARTICIÓN	

MÉTODOS DE ENSEÑANZA
- Clasificación de los métodos de enseñanza

PRINCIPIOS METODOLÓGICOS

ESTRATEGIAS METODOLÓGICAS
- Método explicativo
- Método interrogativo
- Método activo

ELECCIÓN DE LA ESTRATEGIA METODOLÓGICA
- En función de los resultados de aprendizaje
- En función del grupo de aprendizaje
- En función de los contenidos
- En función de los recursos
- En función de la organización

HABILIDADES DOCENTES
- Características
- Sensibilización como técnica introductoria
- Variación de estímulos
- Integración de conocimientos
- Comunicación no verbal
- Refuerzo, motivación y participación
- Secuencialidad
- Control de la comprensión

ESTILOS DIDÁCTICOS

LA SESIÓN FORMATIVA
- Organización de la sesión formativa
- La exposición didáctica: requisitos y características
- Preparación y desarrollo de una sesión formativa
- Utilización de los materiales, medios y recursos

LA SIMULACIÓN DOCENTE
- Técnicas de microenseñanza
- Realización y valoración de simulaciones

UTILIZACIÓN DEL AULA VIRTUAL
- Ventajas de la formación *online*
- Inconvenientes de la formación *online* y cómo superarlos
- Desarrollo de una acción formativa a través del aula virtual

AUTOEVALUACIÓN

3.1. Relaciona cada la definición de cada uno de los métodos de enseñanza según la forma de razonamiento con su definición.

1	Métodos analógicos	Se basan en el discurso del docente. El alumno construye sus razonamientos a través de la información que recibe del formador. En este proceso, el conocimiento se construye partiendo de datos generales que se aplican a situaciones concretas.	a)
2	Métodos inductivos	Se apoyan en la acción del alumno, que aprende a través de una actividad que realiza. Al contrario que en el caso anterior, este método parte de situaciones particulares que se extrapolan para adquirir conocimientos generales.	b)
3	Métodos deductivos	Los conocimientos se adquieren por semejanza entre pares, es decir, se presentan datos concretos con el objetivo de efectuar comparaciones que llevan a una situación concreta. Ejemplo: Estudio de casos.	c)

3.2. El aprendizaje significativo se facilita utilizando los conocimientos previos de la persona para construir un nuevo aprendizaje:

a) Verdadero.

b) Falso.

c) Aprendiendo a aprender.

3.3. Cuando utilizamos una historia, real o no (como si fuera un cuento) para transmitir una información y lograr captar la atención del alumnado, estamos aplicando la técnica de:

a) *Storytelling.*

b) Gamificación.

c) Juegos serios.

d) Representación.

3.4. Eres docente de fontanería. Para explicar al alumnado cómo cambiar un grifo, ¿cuál crees que es la técnica más adecuada?

a) Simulación docente.

b) Conferencia.

c) Análisis de caso.

d) Modelado/demostración.

3.5. ¿Cuál de los siguientes objetivos no está redactado utilizando verbos de acción? «Al finalizar la acción formativa, el alumnado será capaz de…».

a) Sensibilizarse acerca de los riesgos eléctricos en el entorno laboral.

b) Revisar una instalación eléctrica con la finalidad de localizar los fallos.

c) Manejar un amplificador de frecuencia.

d) Corregir textos en el procesador de textos.

3.6. ¿A qué corresponde la siguiente definición?

«Es la habilidad del docente para captar la atención del alumno y dirigirlo hacia la actividad que se va a iniciar. Es decir, el alumno debe olvidarse de lo que estaba haciendo y centrarse en una nueva tarea».

a) Secuencialidad.

b) Persuasión.

c) Sensibilización o inducción.

d) Empatía.

3.7. Si utilizamos mapas conceptuales, resumimos puntos clave de temas anteriores, contextualizamos los contenidos con la realidad… ¿qué habilidad estamos intentando poner en juego?

a) Integración de conocimientos.

b) Variación de estímulos.

c) Sensibilización o inducción.

d) Comunicación.

3.8. ¿Qué estilo didáctico se caracteriza porque el docente se limita a comunicar qué se debe hacer y solo actúa cuando el grupo le pide ayuda?

a) Autoritario.

b) Democrático.

c) Dejar hacer.

d) Pasivo.

3.9. Algunas claves para desarrollar una sesión formativa son (respuesta múltiple):

a) Respetar los horarios.

b) Revisar y preparar los recursos.

c) Cuidar la comunicación.

d) Preparar en profundidad los contenidos.

3.10. En la preparación de una sesión formativa hay que contestar una serie de preguntas. ¿Con qué se responde con la pregunta «¿Cómo?»?

a) Objetivos.

b) Contenidos.

c) Recursos.

d) Estrategia metodológica.

3.11. ¿Qué recurso utilizarías para que el alumnado alcanzase la destreza necesaria para pilotar un helicóptero?

a) Simulador.

b) Vídeo.

c) Proyector.

d) Realidad aumentada.

3.12. En un aula virtual, ¿qué hay que hacer para minimizar un posible sentimiento de soledad del alumnado?

a) Presentar los objetivos.

b) Proporcionar una guía de navegación.

c) Incluir actividades de autoevaluación.

d) Proponer actividades grupales.

Casos prácticos

CASO PRÁCTICO 1

Cada persona aprende de una forma diferente y como docentes tenemos que ser capaces de diseñar actividades que atiendan a todos los estilos de aprendizaje.

A partir de un objetivo determinado, selecciona diferentes actividades para alcanzar el mismo atendiendo a los diferentes estilos. (Se incluyen tres ejemplos de objetivos, pero lo recomendable es que redactes tú alguno acorde con tu campo de experiencia).

- **Ejemplo 1:** Incorporar la perspectiva de género en las comunicaciones escritas, aplicando un uso no sexista del lenguaje y de imágenes y gráficos.

- **Ejemplo 2:** Actuar correctamente en caso de emergencia, analizando los distintos aspectos de un plan de emergencia y la aplicación de los primeros auxilios.

- **Ejemplo 3:** Analizar las principales formas de obtener información sobre el cliente a través de la investigación de mercado.

Según el sentido predominante

Estrategia / actividad	Visual	Auditivo	Kinestésico

Según las estrategias cognitivas

Estrategia / actividad	Activo	Reflexivo	Teórico	Pragmático

Según el procesamiento de la información

Estrategia / actividad	Convergente	Divergente	Asimilador	Acomodador

CASO PRÁCTICO 2

Diseña dos actividades basadas en dos estrategias metodológicas diferentes. Al menos una de ellas debe basarse en una metodología activa.

Para cada actividad, indica:

- Título de la actividad
- Estrategia
- Objetivos
- Descripción de la actividad y secuencia de desarrollo
- Duración
- Recursos necesarios para su puesta en práctica
- Requisitos del alumnado
- ¿Cómo se evalúa?

Nota: Diseña la actividad de modo que, si otra persona tiene que desarrollarla, tenga toda la información necesaria para hacerla como tú la harías.

CASO PRÁCTICO 3

Utilizando alguno de los modelos que se proponen en el texto (en el punto 3.7.1.) diseña la organización de una sesión formativa.

Esquema de una sesión formativa		
Presentación - Introducción		
Resumen de la sesión anterior		
Exposición de los objetivos		
Desarrollo de la clase		
	1	Contenidos
	2	Recursos
	3	Metodología
Síntesis y evaluación		
Presentación de la sesión siguiente		

CASO PRÁCTICO 4

Utilizando como base el **Anexo Plan de acción tutorial**, elabora tu propio plan de acción para un curso de formación *online* que tengas que tutorizar. Vamos a suponer que tiene una duración de diez semanas.

(En las siguientes tablas se han incluido dos ítems a modo de recordatorio).

Recursos complementarios		
Unidad	Título	Objetivo
Tema 8	Cómo crear una infografía en Word	Descubrir nuevas funcionalidades de Word

Mensajes de dinamización del curso y de los foros		
Lugar	Mensaje	Dónde
Foro de novedades	Cierre del curso y despedida. Recordatorio de cumplimentación del cuestionario de finalización.	Último día

Bibliografía

- *Aprende a enseñar.* Oriol Amat.

- *L'autoformation dans la entreprise.* Philippe Carré, Michael Pearn.

- *La comunicación no verbal.* Flora Davis.

- *Hacia una didáctica general dinámica.* Giuseppe Nérici Imideo.

- *Nuevas metodologías docentes.* Amparo Fernández March.

- *Algunas reflexiones sobre la coordinación en los grupos de aprendizaje.* Rafael Santoyo.

- *Psicología de las organizaciones: problemas contemporáneos,* de Kolb, Rubin y McIntyre. Prentice-Hall Hispanoamerica, S. A.

- *Revista de Estilos de Aprendizaje,* vol. 2, n.º 2.

- *Visual, auditivo o kinestésico,* Jorge Neira Silva.

- *Metodología didáctica,* de Cepes-Andalucía (2001).

- *Interacciones didácticas: Grupo-Formador.* Fondo Formación.

- *Manual de dinámica de grupos,* Gibb, J.R. (1982).

- Castro, Santiago y Guzmán de Castro Belkys. «*Los estilos de aprendizaje en la enseñanza y el aprendizaje: Una propuesta para su implementación*». *Revista de Investigación.* 2005; (58):83-102.[fecha de consulta 23 de diciembre de 2023]. ISSN: 0798-0329. Disponible en: https://www.redalyc.org/articulo.oa?id=376140372005

- *Uso del relato digital (digital storytelling) en la educación. Influencia en las habilidades del alumnado y del profesorado.* Saulius E. Rosales Statkus. Disponible en https://rua.ua.es/dspace/bitstream/10045/65810/1/tesis_rosales_statkus.pdf